Hilfe, mein Pferd hustet!

Dr. med. vet. Jürgen Bartz

Hilfe, mein Pferd hustet!

Ursachen, Symptome, Therapie und Vorbeugung

Franckh-Kosmos

Mit 17 Farbfotos von: Firma Werner Balsiger, Schweiz/Mühlethurnen (S. 53 oben), Dr. Jürgen Bartz, Braunschweig (S. 17 oben und unten, S. 18 unten, S. 35 oben, S. 53 re. unten, S. 54 oben und unten, S. 71 oben, S. 72 oben und unten), Susann Boretius, Berlin (S. 70 unten), Klara Höchtl, L.A.G. für artgerechte Pferdehaltung Oberding (S. 36 unten), Sabine Küpper, Duisburg (S. 35 unten), photec/Krenz, Oftersheim/Mannheim (S. 18 oben), Hanns Ullstein jun., L.A.G. für artgerechte Pferdehaltung Oberding (S. 36 oben), Firma Udo Werner, Gescher (S. 53 li. unten) sowie 26 s/w-Illustrationen von Silke Ehrenberger, Dossenheim.

Umschlaggestaltung von Atelier Jürgen Reichert, Stuttgart, unter Verwendung von Fotos von Rik van Lent sr & jr, Belgien/Bornem (U4) sowie von Lothar Lenz, Cochem (U1) und Ina Kaufmann, Aachen (U1).

Bücher • Videos • CDs • Kalender • Seminare

zu den Themen: • Natur • Garten und Zimmerpflanzen • Astronomie • Heimtiere • Pferde & Reiten • Kinder- und Jugendbücher • Eisenbahn / Nutzfahrzeuge

Nähere Informationen sendet Ihnen gerne
Franckh-Kosmos · Postfach 106011 · 70049 Stuttgart

Die Deutsche Bibliothek – CIP-Einheitsaufnahme

Bartz, Jürgen:
Hilfe, mein Pferd hustet! : Ursachen, Symptome, Therapie und Vorbeugung / Jürgen Bartz. –
Stuttgart : Franckh-Kosmos, 1996
ISBN 3-440-07213-4

Alle Angaben in diesem Buch erfolgen nach bestem Wissen und Gewissen. Sorgfalt bei der Umsetzung ist indes dennoch geboten. Der Verlag übernimmt keinerlei Haftung für Personen-, Sach- oder Vermögensschäden, die aus der Anwendung der vorgestellten Materialien und Methoden entstehen.

© 1996, Franckh-Kosmos Verlags-GmbH & Co., Stuttgart
Alle Rechte vorbehalten
ISBN 3-440-07213-4
Printed in Germany/Imprimé en Allemagne
Satz: Utesch Satztechnik GmbH, Hamburg
Druck und Binden: Huber KG, Dießen

Hilfe, mein Pferd hustet!

Einführung _____ 8
Pferdehusten als Dauerproblem __ 8
Die Atmung des Pferdes _____ 10
 Ist Husten beim Pferd gefährlicher
 als beim Menschen? _____ 12

Symptom Husten _____ 13
Tierarzt oder nicht? _____ 13
 Ist »Anstoßen« beim ersten Traben
 normal? _____ 14
 Husten _____ 14
 Kann man hustende Pferde
 reiten? _____ 15
 Hustenreflex _____ 15
 Nasenausfluß _____ 15
 Körperinnentemperatur _____ 16
 Müssen hustende Pferde in einen
 warmen Stall? _____ 19
 Atemfrequenz _____ 19
 Herzfrequenz _____ 20
 Lymphknoten _____ 21
Die tierärztliche Untersuchung __ 22
 Warum hustet mein Pferd trotz
 einer Behandlung weiter? _____ 23

Akute
Hustenerkrankungen _____ 25
Ursachen _____ 26
 Viren _____ 27
 Sind Impfungen sinnvoll? _____ 27
 Bakterien _____ 29

Ist Nasenausfluß bedenklich? ____ 30
Pilze _____ 31
Parasiten _____ 32
Behandlung _____ 33
Antibiotika _____ 33
Krampflösende Medikamente ___ 34
Schleimlösende Medikamente ___ 34
Kortison und verwandte Stoffe __ 37
Mittel zur Anregung der
 körpereigenen Abwehr _____ 37
Inhalieren _____ 37
Naturheilverfahren _____ 38
Pflege und Haltung _____ 39
 Kann auch gutes Heu Husten
 auslösen? _____ 39
Vorbeuge _____ 40
 Impfungen _____ 40
 Kann man hustende Pferde
 impfen? _____ 41
 Entwurmungen _____ 42
 Ansteckung vermeiden _____ 43
 Haltungsverbesserung _____ 43
 Warum können Heu und Stroh
 für Pferde gefährlich sein? _____ 43

Chronische
Hustenerkrankungen _____ 44
 Wann wird ein hustendes Pferd
 dämpfig? _____ 44
Ursachen _____ 45
 Staub _____ 45
 Schadgase _____ 46

INHALT

Luftfeuchtigkeit _____ 47
Allgemeiner Luftkeimgehalt _____ 48
Industrielle Luftverun-
reinigungen _____ 48
Haltungsfehler _____ 48
Bewegungsmangel _____ 49
Pollenallergien _____ 49
Behandlung _____ 50
Antibiotika _____ 50
Krampflösende Medikamente _____ 50
Schleimlösende Medikamente _____ 51
Kortison und verwandte Stoffe _____ 51
Lungenspülung _____ 52
Allergietests und Desensibili-
sierung _____ 55
Naturheilverfahren _____ 56
*Hilft Inhalieren bei chronischem
Husten?* _____ 57
Der Weideversuch _____ 58
*Warum husten Pferde trotz
ausgiebigen Weideganges?* _____ 58
Haltung und Fütterung _____ 59
*Wie lange muß man Heu
einweichen?* _____ 60
Vorbeuge _____ 60
Akuten Husten vermeiden _____ 60
Haltung verbessern _____ 61

Zusammenhang zwischen akutem und chronischem Husten _____ 62
*Wie kann man Husten mit
Naturheilmitteln heilen?* _____ 62

Chronischer Husten: die typische Einbahnstraße _____ 64
Beginn _____ 64
Symptome _____ 64
Ist Dämpfigkeit heilbar? _____ 65
Verlauf _____ 65

Verschlechterung _____ 67
Sind Kortisonspritzen schädlich? _____ 67

Praktisches Management chronischer Hustenpferde _____ 69
*Wie lange muß ein chronisch
hustendes Pferd staubarm
gehalten werden?* _____ 69
**Die pferdegerechte
Unterbringung** _____ 70
Husten trotz Offenstall oder
Außenbox _____ 74
**Einfach, aber wirksam:
die Naßfütterung** _____ 74
*Warum hustet mein Pferd, obwohl
ich nur nasses Heu füttere?* _____ 75
Salz und seine Wirkung _____ 76
Die Verdaulichkeit von nassem
Rauhfutter _____ 77
*Enthält eingeweichtes Heu zu
wenig Nährstoffe?* _____ 77
Arbeitserleichterung durch
technische Hilfen _____ 78
Kraftfutter _____ 80
Es muß nicht immer Heu sein _____ 80
Trockengrün _____ 80
Grassilage _____ 81
Weidegras _____ 83
Stroh _____ 83
Strohlose Einstreu _____ 83
Hobelspäne _____ 83
Papierschnitzel _____ 84
Hanffasern _____ 84
Torf _____ 85
Sand _____ 85
**Vorsicht bei Staub aus der
Nachbarbox!** _____ 85
**Nur Konsequenz führt zum
Erfolg** _____ 86
**Heilungsaussichten bei staubarmer
Haltung** _____ 86

Wie kann man Husten vorbeugen? 87
Staubarme Haltung in Großbetrieben 89
    Pensionspferdehaltung 89
    Darf ein Stall kalt sein? 89
    Sport- und Leistungspferde 93
    Erkälten sich geschorene Pferde leichter? 94

Zur Reitbarkeit von Hustenpferden 95

Kann unsere dämpfige Stute ein Fohlen bekommen? 95

Kein Behandlungserfolg ohne Haltungsverbesserung! 98
Der Weg zurück 99

Zusammenfassung 101

Register 102

Einführung

Nahezu jeder Reiter und Pferdehalter ist schon mit hustenden Pferden konfrontiert worden. Nach seriösen Schätzungen erkranken in Deutschland jedes Jahr etwa 25% der Pferde an akuten Erkrankungen der Atemwege. Etwa 10% aller Pferde leiden sogar an chronischen Atemwegserkrankungen. Die entsprechenden Zahlen sind für Österreich und die Schweiz ähnlich.

Trotz der weiten Verbreitung der Krankheit sind die Therapieerfolge zumeist dürftig. Viele betroffene Pferdehalter flüchten sich dann in Resignation, verharmlosen den Husten als »Anstoßen« und hoffen, daß es schon nicht so schlimm kommen möge, schließlich husten Menschen auch gelegentlich, ohne daran gleich zu sterben. Derweil verschlechtert sich das Krankheitsbild, zunächst noch unauffällig, später immer drastischer. Und so ist es leicht verständlich, daß chronische Hustenerkrankungen, neben Lahmheiten und Koliken, eine der Hauptursachen für die Schlachtung und Euthanasie von Pferden sind.

Von Unfällen einmal abgesehen, kann den meisten Gesundheitsstörungen jedoch vorgebeugt werden. Dies gilt ganz besonders für den Husten.

Chronische Hustenerkrankungen sind keine Naturgewalten, sondern nahezu ausschließlich Folgen der Lebensumstände, die der Mensch dem Pferd heute aufbürdet. Durch zielgerichtete Maßnahmen in Haltung, Fütterung und Nutzung kann der Pferdehalter die Hustenerkrankungen nicht nur therapeutisch beeinflussen, sondern auch eine wirkungsvolle Prophylaxe betreiben.

Dieses Buch möchte betroffenen Pferdehaltern dabei helfen, sich ein klares Bild von der Erkrankung ihres Pferdes zu machen, um Behandlungsansätze und Ratschläge in den Zusammenhang einordnen zu können. Vor allem: Es will eine Anleitung an die Hand geben, wie dem chronisch hustenden Pferd schnell und nachhaltig geholfen werden kann. Für ganz Eilige finden sich deshalb die Antworten auf häufig gestellte Fragen gleich zusammengefaßt in den einzelnen Kapiteln.

Pferdehusten als Dauerproblem

Seit Menschengedenken leiden Pferde an Hustenerkrankungen, und ebenso lange versuchen Pferdebesitzer, diesem Problem und seiner Lösung auf die Spur zu kommen.

Schon Aristoteles beschreibt um das Jahr 330 v. Chr. das Auftreten chronischer Lungenleiden bei Pferden, die dadurch für den militärischen Einsatz untauglich wurden. Im England des 18. Jahrhunderts stellte man fest, daß die Stallpferde an einer Vielzahl von Atemwegserkrankungen litten, während überwiegend im Freien gehaltene Tiere eine deutlich bessere Gesundheit hatten. Bei den französischen Militärpferden wurde das Hustenproblem um diese Zeit so drängend, daß die Stallanlagen komplett verändert werden mußten. Geringere Tierbesatzdichte, deutlich verbesserte Belüftung und häufige Koppelaufenthalte senkten die Sterblichkeitsrate von 20 % auf 7 %. Isländische Quellen des 19. Jahrhunderts weisen dann bereits auf ein ursächliches Verständnis der Krankheit hin:

Das typische Stallpferd ist vielen Risiken für eine Hustenerkrankung ausgesetzt.

»Heysiki«, also Heukrankheit, wurde der Husten genannt, der im Winter nach der Aufstallung der gerittenen Pferde bei vielen Tieren einsetzte und sich erst nach dem Weideauftrieb im Sommer wieder besserte. Witterungsbedingt wurde und wird das isländische Heu oft feucht eingebracht und verpilzt während der Lagerung besonders stark. Der daraus entstehende Staub brachte viele Pferde zum Husten. Außerdem waren die Ställe eng und schlecht belüftet. Nicht gerittene Jungpferde und Zuchtstuten mußten den Winter im Freien verbringen, husteten aber trotz der unwirtlichen Außentemperaturen nicht.

Mittlerweile kann die Veterinärmedizin die unterschiedlichen Hustenursachen gut differenzieren und diagnostizieren. Die Therapie insbesondere der chronischen Hustenpferde hingegen, deren Krankheit überwiegend auf Haltungs-

und Unterbringungsmängel zurückzuführen ist, bleibt schwierig und oftmals unbefriedigend. Daher sind gezielte Vorbeuge und haltungsverbessernde Maßnahmen von entscheidender Bedeutung. Diese liegen – und darauf weisen auch Tierärzte oft nicht nachdrücklich genug hin – einzig in der Verantwortung des Pferdehalters. Die vorhandenen Möglichkeiten werden längst noch nicht vollständig genutzt, denn viele Pferde gehen langfristig an Hustenerkrankungen zugrunde, obwohl das Risiko mit vertretbarem Aufwand leicht zu reduzieren wäre.

Nur mit gesunder Lunge kann ein Pferd leistungsfähig sein.

Die Atmung des Pferdes

Der überwiegende Teil aller Hustenerkrankungen hat seine Ursache im Bereich der Atmungsorgane. Zu deren Verständnis sind einige Kenntnisse über den Atmungsablauf des Pferdes hilfreich.

Die Pferdelunge ist ein sehr leistungsfähiges Organ. In Ruhe beträgt das mittlere Luftvolumen eines Atemzuges bei Großpferden 5 Liter (Mensch: 0,5 Liter). Bei körperlicher Beanspruchung steigt dieser Wert je nach Rasse und Trainingszustand auf 15–20 Liter Luft (Mensch: 5 Liter), die bei einem einzigen Atemzug in die Lunge und wieder hinaus strömen. In Ruhe bewegt ein Pferd pro Minute etwa

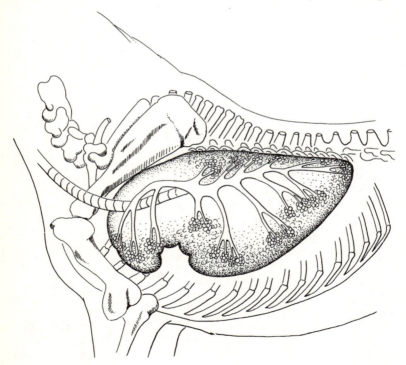

60 Liter Luft durch seine Lungen, mithin fast 100 000 Liter am Tag. Bei schwerer Arbeit werden über 1500 Liter Luft pro Minute veratmet.

Der physiologische Weg der Atemluft beginnt in den Nüstern. Anatomische Besonderheiten machen es dem Pferd nahezu unmöglich, durch das Maul zu atmen. Lediglich bei extremer Laufbelastung und gestrecktem Kopf wird eine geringe Maulatmung beobachtet.

Von den Nüstern strömt die Atemluft durch den Kehlkopf in die Luftröhre, welche sich am Brusteingang in zwei kleinere Röhren teilt: die beiden Hauptbronchen. Diese verästeln sich wie ein Baum immer weiter und werden dann Bronchien genannt. An den feinsten Verästelungen schließlich, den Bronchiolen, sitzen traubenartig angeordnete kleine Lungenbläschen, die Alveolen. Auf dem Weg in die Alveolen wird die Atemluft auf Körpertemperatur erwärmt und angefeuchtet. Eine Pferdelunge besteht aus mehreren Millionen dieser Alveolen. Der Durchmesser jeder einzelnen beträgt etwa 0,3 mm. Auf diese Weise wird die im Verhältnis zum Lungenvolumen sehr große Atmungsfläche von über hundert Quadratmetern erreicht.

Die Atemluft trifft in der Wand der Alveolen auf ein fein verästeltes Netz kleinster Blutgefäße (Kapillaren). Der Luftraum der Lunge, den man funktionell als einen Teil der Außenwelt des Pferdes – Luft aus der Umwelt strömt direkt hinein – auffassen muß, wird nur durch diese zarte Wand der Alveolen vom Blutraum, also dem tatsächlichen Körperinneren des Pferdes, getrennt. An der Alveolarwand findet der Gasaustausch statt: Kohlendioxid (CO_2) wird aus dem Blut in den Luftraum der Alveolen abgegeben, der

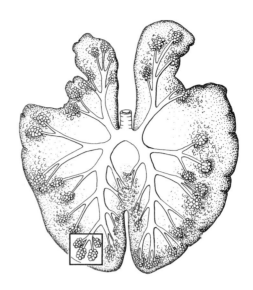

In den Lungenbläschen findet die eigentliche Atmung statt: Sauerstoff wird aufgenommen, Kohlendioxyd abgegeben.

lebenswichtige Sauerstoff (O_2) hingegen aus der Alveole in das Blut aufgenommen. Blut- und Atemstrom müssen kontinuierlich und koordiniert sein, um den lebenswichtigen Gasaustausch zu ermöglichen.

Mit der Atemluft werden nicht nur Sauerstoff und Kohlendioxid transportiert. Sie bringt außerdem Viren, Bakterien, Pilze, Stäube, Schadgase und andere Inhalte der Umgebungsluft des Pferdes in die Alveolen und damit an einen empfindlichen Punkt, denn dort ist die Barriere zwischen Körper und Außenwelt sehr dünn. Wie auf der Haut, im Magen-Darm-Trakt und an den übrigen Schleimhäuten des Körpers besteht daher auch in den Atmungsorganen ein Abwehrsystem. Es umfaßt neben spezifischen und unspezifischen Abwehrzellen noch einen besonderen Reinigungsmechanismus:

Zahlreiche Zellen in der Tiefe des Gewebes bilden kontinuierlich einen dünnflüssigen, wäßrigen Schleim (Mukos), welcher durch winzige, dicht aneinander stehende Flimmerhärchen (Zilien) in stetem Schlag in Richtung Maul befördert wird und auf diesem Weg eingedrungene Fremdkörper wie in einem Spülwasserstrom mitnimmt. Man spricht vom mukoziliären System.

Während Luftröhre, Hauptbronchen und Bronchien ein knorpeliges Stützgewebe haben und daher recht verformungsstabil sind, fehlt den Bronchiolen und Alveolen als kleinsten Einheiten des Bronchialbaumes dieses festigende Wandelement. Die Bronchiolen sind im Gegenteil zuzüglich von Muskeln und Nervenfasern umgeben. Durch kurzfristiges Zusammenziehen dieser Muskeln wird der Innenraum der Bronchiolen komprimiert, so daß sich die Lunge beim Husten größerer Schleimmengen leichter entledigen kann.

Husten ist unter normalen Umständen ein lebenswichtiger Schutzreflex. Die Luftbewegung innerhalb der Luftröhre erreicht bei einem Hustenstoß eine Geschwindigkeit von über 150 km/h und kann versehentlich fehlgeatmete Futterstückchen, Sand, Wasser oder andere Fremdkörper explosionsartig aus dem Atemraum entfernen, bevor sie Schaden anrichten. Auch größere Schleimmengen, Rauch oder das plötzliche Einatmen kalter Luft bei entzündeten Bronchien können den Hustenreflex auslösen.

Ist Husten beim Pferd gefährlicher als beim Menschen?

Mein Pferd hustet im Winter immer etwas. Der Stallbesitzer meint, das sei nicht so schlimm, wir husteten im Winter doch alle mal. Ist das richtig?

Man kann Husten bei Pferden und Menschen nicht miteinander vergleichen. Dem Husten bei Pferden liegen meist schwere krankhafte Veränderungen zugrunde, die mit gravierenden Schäden am Lungengewebe verbunden sind. Auch ist die Lunge beim Lauftier Pferd ein übermäßig empfindliches und sensibles Organ. Pferde neigen zu Erkrankungen der Atmungsorgane, wie sie eben auch zu Koliken neigen, das ist typisch. Für Pferde, wie sie bei uns genutzt werden, ist eine nicht mehr funktionsfähige Lunge das Ende. Ein Vergleich wäre also nur für einen menschlichen Leistungssportler, etwa einen Läufer, annehmbar, und dieser nimmt eine Bronchitis sehr wohl ernst. Zum Weiterlesen: S. 65

Symptom Husten

Husten ist zunächst nur ein Symptom, das fast immer durch Störungen an den Atmungsorganen entsteht. Hier ist wiederum überwiegend die Lunge betroffen.

Für die meisten Pferde ist ein Hustenproblem also ein Lungenproblem. Es führt in vielen Fällen auf Dauer zur Unbrauchbarkeit und Euthanasie des Pferdes.

Viel seltener hingegen als von Pferdehaltern häufig vermutet entsteht der Hustenreiz im Kehlkopf. Isolierte Kehlkopfreizungen kommen zwar gelegentlich vor, betreffen aber nicht die große Menge der hustenkranken Pferde. Auch kann das Symptom Husten von unterschiedlichen Erkrankungen des Brust- und Bauchraumes durch Tumoren und andere raumfordernde Prozesse ausgelöst werden. Solche Veränderungen können durch Druck auf die Lunge zu Atemnot und reflektorischen Hustensymptomen führen.

Schließlich verursachen gelegentlich Herzschwächen ausgedehnte Stauungserscheinungen des Blutes in der Lunge. Die dünnflüssigen Bestandteile des Blutes treten dann als Serum in das Lungengewebe, behindern den Gasaustausch und bewirken eine erschwerte Atmung und Husten.

Die letztgenannten Hustenursachen sollten zwar immer berücksichtigt und

Der Kehlkopf des Pferdes ist nur selten die Ursache für eine Hustenerkrankung.

diagnostisch ausgeschlossen werden, für die Mehrzahl der Hustenpferde haben sie jedoch keine statistische Bedeutung. Den einsamen Spitzenplatz nehmen die lungenbedingten Hustenerkrankungen ein.

Unabhängig von Ursache und Verlauf gilt in allen Fällen: **Husten ist keine Bagatellerkrankung.**

Tierarzt oder nicht?

Pferde können sich durch hastige Futteraufnahme oder während des Wälzens verschlucken. Dann erfolgt in der Regel ein einmaliger, kräftiger Hustenanfall. Ebenso dürfen Pferde zu Beginn der Arbeit einige Male abschnauben. Alle sonstigen Hustensymptome sind jedoch nicht akzeptabel und bedürfen einer tierärztlichen Klärung. Das gilt insbesondere für ein oft als »Anstoßen« bagatellisiertes Husten zu Beginn der Arbeit. Auch dieses ist kein Zeichen von Gesundheit, und wenn die Folgen auch zunächst nicht offenbar werden, so nimmt der Patient dennoch Schaden an der Lunge.

Der Pferdehalter kann schon im Vorfeld mit einigen einfachen Untersuchungen (Puls- und Atemwerte? Fieber? Husten? Nasenausfluß?) den Ernst der Lage überschlägig abschätzen und diese Informationen bereits am Telefon an den Tierarzt weitergeben.

Besteht der Verdacht auf eine fieberhafte Infektion, sollten außerdem sofort alle verfügbaren Maßnahmen getroffen werden, damit eine Übertragung auf andere Pferde und Nachbarbestände verhindert werden kann (s. S. 43). Im Idealfall sorgt ein verantwortungsbewußter Pferdehalter bereits jetzt für eine zeitweilige Staubreduzierung, indem das Heu gewässert und für einige Wochen eine staubfreie Einstreu gewählt wird.

Husten

Die meisten Atemwegserkrankungen sind mit mehr oder weniger starkem Husten verbunden. Der Husten kann feucht und kräftig sein, wenn viel dünnflüssiger Schleim in der Lunge ist. Bei einer trockenen Reizung des Atmungsapparates ist der Husten meist trocken und quälend, bei Pferden mit chronischer Krankheit oft nur ein mattes und leises Hüsteln. Die Neigung zum Husten kann man in der Ruhe nicht korrekt beurteilen. Erst durch Bewegung vertiefen sich die Atemzüge, so daß auch die Lungenspitzen belüftet werden und ein möglicher Hustenreiz offenbar wird.

Husten muß vom Tierarzt abgeklärt werden. Ist er nur geringgradig, macht das Pferd im übrigen einen gesunden Eindruck und ist insbesondere ohne Atemnot, kann man zunächst einige Tage abwarten und im Schritt reiten oder ohne schwere Last Gespann fahren. Eine Be-

---

Ist »Anstoßen« beim ersten Traben normal?

Wie die meisten anderen Pferde in unserem Stall hustet auch meine Stute zu Beginn des Reitens einmal oder mehrmals kurz ab. Das ist doch sicher noch keine Hustenerkrankung?

Leider husten viele Pferde zu Beginn des Reitens einige Male, vornehmlich beim ersten Antraben, weil die Lunge dann durch die vertiefte Atmung bis in die Spitzen mit Luft durchströmt wird. Diese Symptome werden gerne als »Anstoßen« bagatellisiert. Trotzdem sind sie natürlich wie ein »richtiger« Husten zu bewerten und nicht harmlos. Auf Dauer kann ein Pferd auch davon schwere Schäden nehmen. »Anstoßen« ist, zumal wenn es längere Zeit besteht, ein Symptom für eine chronische Erkrankung der Lunge. Daher muß die Ursache abgeklärt werden, eine Behandlung ist wichtig und bei allergischer Ursache eine Änderung der Haltungsbedingungen unbedingt erforderlich. Zum Weiterlesen: S. 64

> **Kann man hustende Pferde reiten?**
>
> *Meine Freundin reitet ihre Stute den ganzen Winter, obwohl sie hustet. Mir hat der Tierarzt aber gesagt, mein erkältetes Pferd dürfe nicht geritten werden. Wer hat recht?*
>
> Pferde mit akuten, fieberhaften Hustenerkrankungen dürfen natürlich nicht geritten werden, wie überdies bei jedem Pferd mit Verdacht auf Fieber die Körperinnentemperatur zu messen ist und entsprechende Maßnahmen (Tierarzt, Ruhigstellung) zu ergreifen sind. Bei chronischen Hustenerkrankungen hängt die Vorgehensweise von dem tierärztlichen Untersuchungsergebnis ab.
> Stellt der Tierarzt Verkrampfungen der Luftwege (Bronchospasmen) fest, wäre jede Bewegung wegen der vertieften Atmung und der Gefahr einer Emphysembildung schädlich. Diese Pferde können erst nach der Behandlung des Bronchospasmus wieder geritten werden. Besteht hingegen eine hochgradige Verschleimung der Atmungsorgane, so kann eine vom Tierarzt angeordnete Bewegungstherapie ein wesentlicher Bestandteil der Heilmaßnahme sein.
> Die Beurteilung der im Einzelfall angemessenen Vorgehensweise kann jedoch wie in vielen anderen Fällen auch nur vom Tierarzt vorgenommen werden. Daher sollten hustende Pferde bis zur Klärung der Ursache nur im Schritt geritten werden, bei geringsten Anzeichen einer hochfrequenten Atmung muß das Reiten sofort eingestellt werden. Zum Weiterlesen: S. 95 ff.

wegungstherapie in schnellerer Gangart darf aber nur nach der tierärztlichen Diagnose erfolgen. Starker Husten, vor allem im Ruhestand, und solcher mit weiteren Symptomen muß noch am selben Tag untersucht werden.

Hustenreflex

Mäßiger beidseitiger Druck auf den Kehlkopf oder die ersten Knorpelringe der Luftröhre läßt auch gesunde Pferde meist ein- bis dreimal kurz und kräftig husten, danach schnauben sie häufig ab. Bei Patienten mit Erkrankungen der Atemwege ist der Hustenreflex oft bereits durch sehr geringen Druck auslösbar und wird nicht selten mit längeren Hustenanfällen beantwortet. Diese Reaktion weist nicht auf eine bloße Kehlkopfreizung hin und darf nicht zu der Annahme verleiten, daß das Lungengewebe wohl nicht beteiligt sei. Reine Kehlkopfentzündungen ohne eine Miterkrankung der anderen Atmungsorgane sind bei Pferden eher selten. Die überwiegende Mehrzahl der hustenden Pferde leidet an einer Erkrankung, die auch die unteren Atemwege betrifft.

Nasenausfluß

Geringe Mengen eines wäßrigen Nasenausflusses sind unbedenklich. Dieser entsteht durch überschüssige Tränenflüssig-

Durch beidseitigen leichten Druck auf den Kehlkopf kann Husten reflexartig auch bei gesunden Pferden ausgelöst werden.

keit, die über den Tränen-Nasen-Kanal in die Nüstern abgegeben wird. Bei Augenreizungen, niedrigen Außentemperaturen und starkem Wind kann dieses Sekret vermehrt auftreten. Beimengungen von Staub können einen milchigen Eindruck erzeugen.

Wird das Sekret zähflüssig, milchigweiß oder gar gelblich, weist dies auf eine ernsthafte Erkrankung der Atmungsorgane hin. Der Tierarzt sollte dann unbedingt zu Rate gezogen werden, auch wenn das Pferd keine weiteren Symptome zeigt. Tritt der Nasenausfluß nach dem Reiten oder dann vermehrt auf, kann dieser Umstand bei ansonsten unauffälligen Pferden, neben gelegentlichem Husten, der wichtigste Anhaltspunkt für eine gefährliche verschleppte Atemwegsinfektion sein, deren Ursache zügig abgeklärt werden sollte.

Tritt Nasenausfluß kontinuierlich nur einseitig und zunächst ohne weitere Begleitsymptome auf, insbesondere ohne Husten, sollte er dennoch ernst genommen werden. Häufig liegt bei solchen Pferden eine chronische Entzündung der Nasennebenhöhlen vor, die behandelt werden muß.

Körperinnentemperatur

Sobald ein Pferd mehrfach hustet, sollte zur Sicherheit die Körperinnentemperatur gemessen werden. Akute Infektionskrankheiten der Atemwege beginnen mit Fieberschüben. Der Verdacht auf Fieber (Temperatur über 38,0 Grad Celsius) verstärkt sich, wenn zugleich weitere Symptome auftreten: Abgeschlagenheit und Futterverweigerung geben immer Anlaß zu einer Temperaturmessung. Es

Rechts oben: Ein auf den ersten Blick konventioneller Reitstall ...
Unten: ... aber trotzdem kann jedes Pferd seine Nase in die frische Luft halten und das Geschehen in der Außenwelt mitverfolgen.

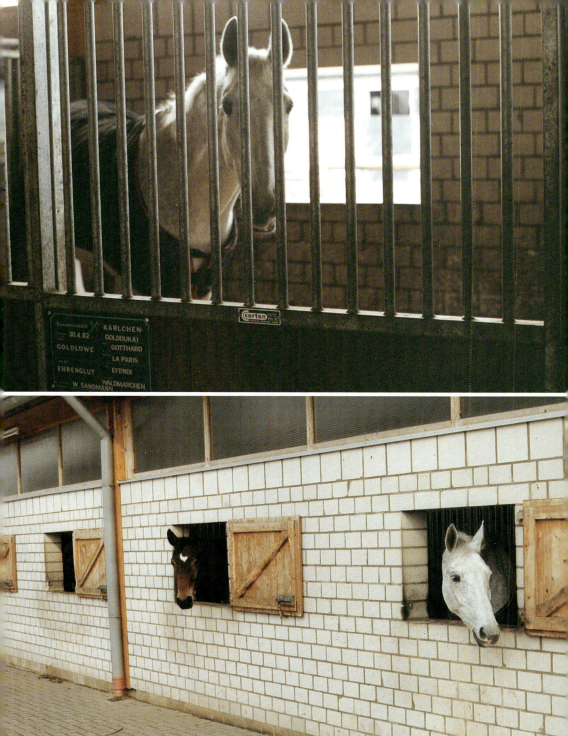

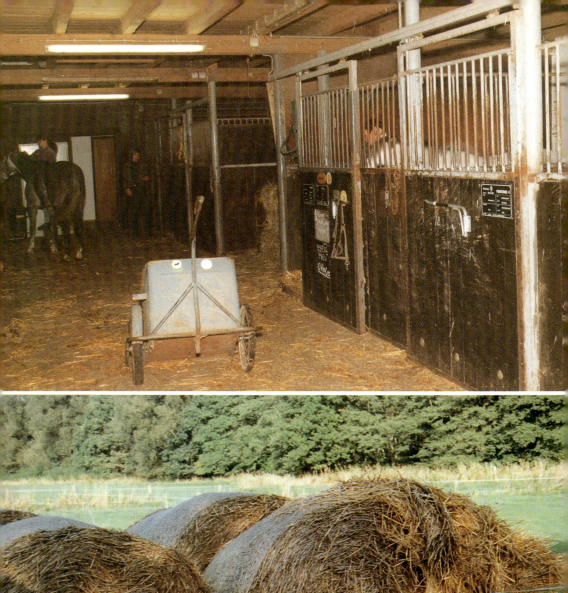

> **Müssen hustende Pferde in einen warmen Stall?**
>
> *Mein Pferd hustet und hat Fieber. Der Tierarzt sagte, ich solle es einige Tage eindecken. Muß ich es von seiner Außenbox in eine Innenbox umstellen, die wärmer ist?*
>
> Entgegen der weitverbreiteten Ansicht, hustende Pferde müßten in einem warmen Stall untergebracht und vor jedem Wind geschützt werden, ist für Hustenpferde nichts so schädlich wie die mit zahlreichen Schadstoffen belastete Luft eines geschlossenen Stalles.
> Hustende Pferde, zumal bei chronischen Erkrankungen, brauchen möglichst viel frische Luft und sollten daher am besten in offenen Einzelboxen mit direktem Zugang zur Außenluft untergebracht sein. Allerdings dürfen sie nicht frieren, brauchen also bei nasser Witterung auch auf der Weide in jedem Fall eine Schutzhütte.
> Eine Ausnahme gilt für Pferde mit einer akuten Infektion der Atemwege, die in der Regel mit hohem Fieber einhergeht. Fiebernde Pferde frieren besonders leicht und sollten daher bei kühler Witterung gegebenenfalls eingedeckt werden. Trotzdem ist auch ein fieberndes Pferd keinesfalls bei geschlossener Stalltür zu halten, sondern braucht frische Luft. Zum Weiterlesen: S. 39 ff.

darf nicht geschehen, daß ein fieberndes Pferd versehentlich geritten wird.

Beim Pferd wird die Körperinnentemperatur rektal, also im After, gemessen. Ein schnellmessendes, bruchsicheres Digitalthermometer ist am besten geeignet. Zur Messung steht man neben, nie hinter dem Pferd. Bei unruhigen Tieren läßt man sich das gleichseitige Vorderbein von einer zuverlässigen Hilfsperson aufhalten. Wird Fieber festgestellt, so ist der Tierarzt umgehend zu benachrichtigen.

Links oben: Pferdehaltung, wie sie nicht sein sollte: Dunkelheit, Staub, fehlende Sozialkontakte, Langeweile.
Unten: Stroh und vor allem Heu in Großraumballen sind aufgrund der höheren Verpilzung für Pferde wenig geeignet.

Atemfrequenz

Eine bereits in Ruhe erhöhte Atemfrequenz (über 16 Atemzüge pro Minute) sowie eine angestrengte Atmung mit geblähten Nüstern sind immer ein Zeichen für eine ernste Krankheit. Als Ursache sind raumfordernde Prozesse im Brust- und Bauchraum denkbar, die die Lunge einengen und damit die Atmung erschweren. In den meisten Fällen entsteht dieses Symptom jedoch durch eine krankhafte Veränderung in der Lunge: Akute Entzündungen bewirken eine Gewebeschwellung und eine vermehrte Schleimproduktion. Auf diese Weise wird das Volumen der Luftwege verringert. Zuzüglich können, insbesondere bei ergänzender Belastung durch allergisierende Stallstäube, Verkrampfungen der Bron-

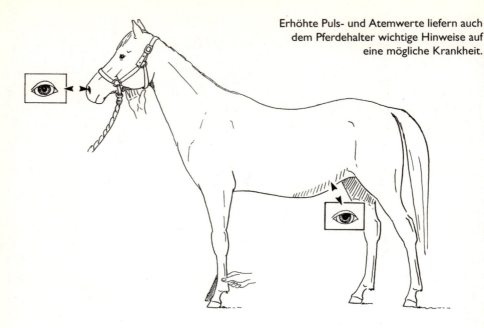

Erhöhte Puls- und Atemwerte liefern auch dem Pferdehalter wichtige Hinweise auf eine mögliche Krankheit.

chiolen eintreten (Bronchospasmus), die eine weitere Verengung bedeuten. Der Tierarzt muß dann umgehend zu Rate gezogen werden!

Die Atemfrequenz (Zahl der Atemzüge pro Minute) ermittelt man entweder durch Zählen der Nüsternbewegungen oder der Atembewegungen des Rippenbogens. Leichter und sicherer erfolgt die Messung mit einem Stethoskop (Phonendoskop). Dessen Kapsel legt man etwa handbreit unterhalb des Kehlkopfes an die Luftröhre. Die vorbeiströmende Atemluft ist nach kurzem Einhören gut zu vernehmen. Am besten benutzt man eine Stoppuhr, mißt 15 Sekunden und multipliziert das Ergebnis mit vier, um die Minutenfrequenz zu ermitteln.

Herzfrequenz

Eine bereits in Ruhe erhöhte Herzfrequenz (über 40 Schläge pro Minute) ist immer ein Alarmzeichen und sollte die sofortige Benachrichtigung des Tierarztes nach sich ziehen. Die häufigste Ursache sind schmerzhafte Zustände im Körper, etwa Koliken. Bei Fieber steigt die Herzfrequenz ebenfalls an. Auch weit fortgeschrittene chronische Lungenerkrankungen mit Atemnotzuständen sowie seltener auch bestimmte Herzerkrankungen lassen die Ruhefrequenz des Herzens steigen.

Die Messung kann durch leichtes Auflegen der Fingerspitzen erfolgen, indem man die Pulswellen in den Blutgefäßen tastet. Dazu eignen sich am Pferdekörper zwei Stellen besonders: die Unterkieferarterie auf dem Knochengrat des

> **Normalwerte erwachsener Pferde in Ruhe**
>
> Körperinnentemperatur: 37,0 bis 38,0 Grad Celsius
> Atemfrequenz: 8–16 Atemzüge pro Minute
> Herzfrequenz: 28–40 Schläge pro Minute
> Fohlen haben altersabhängig höhere Werte.

Unterkiefers und die seitlichen Fesselkopfarterien. Die Schweifarterien an der Unterseite der Schweifrübe sind in der Regel schlechter zu ertasten.

Auch die Herzfrequenz kann man leichter und genauer mit dem Stethoskop ermitteln, weil das Pulsfühlen bei unruhigen Pferden und mangelnder Übung oft mißlingt. Auf der linken Seite des Pferdes legt man die Phonendoskopkapsel etwa handbreit über dem Ellbogenhöcker an die Rippenwand und schiebt sie möglichst weit nach vorn unter die Schulterbeuge. Wenn eine Stelle gefunden ist, an der die Herzaktionen deutlich zu hören sind, zählt man 15 Sekunden und multipliziert mit vier, um den Minutenwert zu ermitteln. Ein »Herzschlag« besteht aus zwei Tönen, die sich wie »buuh-dupp« anhören. Dann folgt eine Pause und ein erneutes »buuh-dupp«. Die Messung sollte einige Male wiederholt werden, da das Pferd beim ersten Mal möglicherweise unruhig wird und die Herzfrequenz dann natürlich kurzfristig ansteigt. Überdies empfiehlt es sich sehr, das Ermitteln der Herzfrequenz gelegentlich in Ruhe an seinem Pferd zu üben, um für die Hektik eines möglichen Ernstfalles vorbereitet zu sein.

Druse ist sehr ansteckend. Die vereiterten Lymphknoten müssen vom Tierarzt geöffnet werden, wenn sie nicht von selbst aufbrechen.

Lymphknoten

Akute Erkrankungen der Atmungsorgane bewirken häufig eine Schwellung und Schmerzhaftigkeit der Lymphknoten am Kopf. Dies ist ein Zeichen dafür, daß sich das Immunsystem des Körpers intensiv mit der Bekämpfung der Krankheitserreger auseinandersetzt. Bei der Druse ist die Schwellung und Schmerzhaftigkeit der Lymphknoten sogar ein ganz typisches Symptom, das Anlaß für eine sofortige Benachrichtigung des Tierarztes geben sollte. Am deutlichsten fühlt man die Unterkieferlymphknoten, die zwischen den Unterkieferknochen im weichen Bindegewebe liegen. Sie können im Krankheitsfalle bis zur Größe einer Haselnuß anschwellen. Schwieriger zu fühlen sind die Umfangsvermehrungen der Lymphknoten im Bereich der Ohrspeicheldrüse, also etwa in der Ganaschengegend des Pferdes.

einer genauen Diagnose des Atmungsapparates zuwenden.

Der Untersuchungsgang differiert von Fall zu Fall, beginnt in der Regel aber mit der Erhebung einiger grundlegender Befunde. Das Allgemeinbefinden des Patienten, Nasenausfluß, Klangfarbe und Intensität des Hustens, Lymphknotengröße und die Körperinnentemperatur werden beurteilt. Dann erfolgt das Abhorchen (Auskultieren) von Luftröhre, Bronchien, Lunge und Herz mit dem Stethoskop (Phonendoskop), in den meisten Fällen auch das Beklopfen (Perkutieren) des

Die tierärztliche Untersuchung

Wenn andere Organsysteme als Verursacher der Hustenerkrankung nicht in Betracht kommen, wird sich der Tierarzt

Die Benutzung eines Stethoskops erleichtert die Zählung von Herzfrequenz und Atmung. Im Verdachtsfall sollte auch die Körpertemperatur gemessen werden.

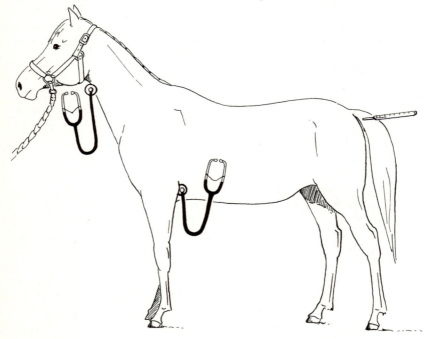

> **Warum hustet mein Pferd trotz einer Behandlung weiter?**
>
> *Mein Pflegepferd hustet den ganzen Winter, obwohl es schon viele Medikamente bekommen hat. Behandelt der Tierarzt falsch?*
>
> Husten ist in jedem Fall eine ernsthafte Erkrankung, die umgehend tierärztlich untersucht und behandelt werden muß. Gerade bei den chronischen Hustenerkrankungen kann ein dauerhafter Heilerfolg aber nur erzielt werden, wenn man die Luftverhältnisse und die Haltungsbedingungen für das Pferd durchgreifend verbessert. Ohne diese Maßnahmen kann auch eine intensive Therapie langfristig nicht erfolgreich sein. Auf diesen Umstand weisen auch Tierärzte den Pferdehalter vielfach nicht oder nicht ausdrücklich genug hin. Außerdem ist zu beachten, daß Krankheitsprozesse, die sich über einen langen Zeitraum entwickelt haben, auch lange Zeit zur Ausheilung benötigen. Zum Weiterlesen: S. 73 ff.

Lungenfeldes unter den Rippen mit dem Finger oder einem speziellen Instrument, um die Ausdehnung der Lunge zu bestimmen. Insbesondere das Abhorchen mit dem Stethoskop sollte in der Regel mehrfach und ausgiebig sowohl in Ruhe als auch nach Belastung vorgenommen werden. Wenn der Tierarzt sich für diese Untersuchung viel Zeit nimmt oder sie wiederholt, so ist dies nicht etwa ein Hinweis auf fachliche Unsicherheit, sondern es zeigt im Gegenteil ein sehr sorgsames Vorgehen an.

Die korrekte Beurteilung des Hustens, der Lungenfunktion und einer etwaigen Verschleimung der Atmungsorgane ist in den meisten Fällen erst nach Belastung des Pferdes möglich. Alternativ zur reiterlichen Belastung oder der Bewegung an der Longe kann auch ein pflanzliches Medikament injiziert werden, das die Atmung für einige Minuten stark anregt und so das Abhorchen auch der bei Ruheatmung nicht ventilierten Lungenabschnitte ermöglicht.

Diese erste Untersuchung ohne technische Hilfsmittel wird als »klinische Untersuchung« bezeichnet. Von ihren Ergebnissen hängt es ab, ob weitere Befunderhebungen nötig sind. Zu den weiterführenden Untersuchungen gehört die Endoskopie, bei der das Innere der Atmungsorgane mit einem flexiblen optischen Glasfaserinstrument begutachtet wird. Dies erleichtert die Beurteilung der Verschleimung und einer möglichen Reizung der Atemwege. Des weiteren erlaubt eine Bestimmung des Sauerstoffgehaltes im arteriellen Blut die Abschätzung der momentanen Atembehinderung durch Veränderungen in den Bronchiolen und Lungenbläschen. Die bei anderen Organen hilfreiche Röntgenuntersuchung kann an der Lunge erwachsener Pferde aufgrund der Größenverhältnisse nur mit sehr starken Röntgengeräten vorgenommen werden. Auch dann bringt sie für viele Hustenerkrankungen wenig verwertbare Ergebnisse, denn die Röntgentechnik ist nicht ideal zur Feststellung dieser speziellen geweblichen Veränderungen. Anders ist die Lage bei Fohlen, die beispielsweise unter einer Lungenentzündung leiden. Hier kann die Röntgenaufnahme sinnvolle Aussagen liefern.

In welchem Umfang untersucht werden muß und ob Teile der Untersuchung gegebenenfalls wiederholt werden sollten, hängt vom Einzelfall ab und wird im vertraulichen Gespräch zwischen Pferdehalter und Tierarzt festgelegt. Dabei ist auch der genaue Vorbericht der Krankheitssymptome durch den Pferdehalter von Bedeutung.

Akute Hustenerkrankungen

Die häufigsten Ursachen und Formen der lungenbedingten Hustenerkrankungen können in zwei Hauptgruppen zusammengefaßt werden: Fehler in der Pferdehaltung, also bei der Unterbringung, Fütterung und Bewegung, führen zu chronischen, langandauernden Hustenerkrankungen. Infektionen durch Viren, Bakterien, Pilze und Parasiten bewirken zunächst eine akute, kurzfristige Hustenerkrankung. Diese kann in ein chronisches Stadium übergehen, doch geschieht dies meist im Zusammenhang mit Haltungsmängeln.

Wegen der Vielfalt der möglichen Ursachen muß jede Hustenerkrankung vom Tierarzt untersucht werden; der Pferdehalter kann sie nicht durch Eigenbehandlung heilen.

Bei dieser Auflistung wurden die akuten Infektionen ganz bewußt nur auf den zweiten Rang plaziert: Pferde sind von Natur aus mit einem sehr leistungs- und anpassungsfähigen Immunsystem ausgerüstet, das akute Infektionskrankheiten bald überwindet. Besonders an den typischen Virushusten (Pferdegrippe, Influenza, Herpesviren) erkranken die Pferde zwar heftig, in der Regel aber kurz. Daß die anfängliche akute Infektion nur Tage oder Wochen dauert, die sich oft anschließende chronische Hustenkrankheit aber Monate oder Jahre, ist überwiegend das Resultat einer Haltungs- und Nutzungsform, die die Bedürfnisse des Pferdes weit hinter die des Menschen stellt.

Viele internationale Forschungsergebnisse, vor allem aus England und den USA, belegen eindeutig, daß die Unterbringung eines Pferdes in geschlossenen Ställen, zumal bei schlechter Lüftung und hoher Tierbesatzdichte, den Erkrankungen der Atemwege nicht nur Vorschub leistet, sondern auch ein dauerhaftes Hustenproblem, also einen chronischen Husten, durch die Inhalation von schadstoffbelasteter Luft schaffen kann. Hier sind vorrangig die Sporen (Vermehrungsstadien) von Schimmelpilzen aus Heu und Stroh zu nennen. Schimmelpilzsporen sind der häufigste Verursacher chronischer, zumeist allergischer Hustenerkrankungen. Diese sind nicht nur durch eine pferdegerechte Unterbringung vermeidbar, sondern insbesondere auch nur dann dauerhaft und ursächlich heilbar, wenn die Haltung des Pferdes so abgeändert wird, daß es vor der Inhalation der allergisierenden Sporen geschützt ist und eine allgemein saubere Luft atmen kann.

Aus systematischen Gründen werden die Infektionen als Ursache akuten Hustens hier aber dennoch zuerst besprochen: Häufig entsteht die chronisch-allergische Hustenerkrankung im Gefolge einer akuten Infektion.

Akuter Husten tritt plötzlich ein. Das Pferd ist auch in seinem Allgemeinbefinden meist deutlich gestört. Akute Hustenerkrankungen sollten jedoch bei gutem Ernährungs- und Pflegezustand des Patienten, sauberer Atemluft und ausreichender Therapie schnell überwunden sein. Sonst können sie nach einiger Zeit in ein unauffälligeres, aber dennoch gefährliches chronisches Stadium übergehen. Chronische Erkrankungen sind schwerer zu behandeln als akute und benötigen längere Zeit zur Ausheilung.

Ursachen

Akute Hustenerkrankungen werden zumeist durch Infektionen hervorgerufen. Nicht jeder Kontakt mit einem möglichen Infektionserreger führt indes zu einer Infektion, wie auch nicht jede Infektion zwangsläufig zu einer Erkrankung führt. Dafür muß die körpereigene Immunabwehr vorübergehend geschwächt sein. Solche schwächenden Faktoren sind Ernährungsmängel, körperliche oder seelische Überforderung und Streßsituationen wie Transporte, sportliche Veranstaltungen und bestehende Vorerkrankungen. Den Infektionen der Atmungsorgane jedoch wird in besonderem Maße durch ein schlechtes Stallklima mit geringer Luftqualität Vorschub geleistet.

Viren

Viren gehören zu den kleinsten infektiösen Teilchen. Sie haben keinen eigenen Stoffwechsel. In Überleben und Vermehrung sind sie auf die Zellen eines lebenden Wirtsorganismus angewiesen. Eine Ansteckung mit Viren erfolgt daher überwiegend durch direkten Kontakt von Pferd zu Pferd. Außerhalb des Tieres kann das Virus in Körperflüssigkeiten, etwa Nasenausfluß oder Speichel, nur kurze Zeit überleben. Bedeutsam sind vor allem Influenzaviren (Hoppegartener Husten, Pferdeinfluenza, Pferdegrippe), Equine Herpesviren, Rhino- und Reoviren. Sie sind sehr ansteckend und können seuchenhaft ganze Bestände erfassen, wenn die Pferde nicht durch eine Impfung geschützt sind.

Die Viren besiedeln die Schleimhaut der Atmungsorgane, befallen deren Zellen und beginnen sich darin zu vermehren. Dabei zerstören sie ihre Wirtszellen.

Die Reaktion des Körpers besteht in der Entsendung zahlreicher Abwehrzellen in die befallenen Schleimhautbezirke. Um die Abwehrreaktion zu erleichtern, wird das Schleimhautgewebe aufgelockert, vermehrt durchblutet und die Schleimproduktion zur Entfernung der abgetöteten Viren erhöht: Es entsteht eine Entzündung mit Schwellung, Schmerz und Rötung der Atemwege.

Die Entzündung ist von der Natur demnach als Unterstützung des Abwehrmechanismus konzipiert. Sie kann Kehlkopf (Laryngitis), Nasenraum (Rhinitis) und Nasennebenhöhlen (Sinusitis), Luftröhre (Tracheitis), große (Bronchitis) und kleine Bronchien (Bronchiolitis), später auch die Alveolen (Alveolitis) erfassen. Unter anderem bewirkt die Entzündung auch eine ungünstige Veränderung der Schleimproduktion. Statt des flüssigen entsteht zunehmend ein zäher, fester Schleim, der sich als Barriere über das Flimmerepithel legt. Die Zilien wer-

---

Sind Impfungen sinnvoll?

Die meisten Pferde bei uns im Reitstall bekommen Impfungen. Dennoch sind ständig einige Pferde erkältet. Sind Impfungen also nutzlos?

Der Begriff der Erkältung ist bei Pferden nicht genau definiert. Meist meint man damit eine akute Infektion der Atmungsorgane, die mit Fieber, Husten, Nasenfluß und Abgeschlagenheit einhergeht. Dagegen sind Impfungen die beste Vorbeugung.

Impfungen entfalten aber nur dann ihre volle Wirkung, wenn die Abstände für die Auffrischungsimpfungen genau eingehalten werden, sonst geht der Schutz wieder verloren. Auch sollten alle Pferde eines Bestandes geimpft sein, am besten sogar mit dem gleichen Impfstoff und im selben Jahresrhythmus.

Der Schutz besteht natürlich nur gegen die Erreger, gegen die auch geimpft wurde. Gegen andere, seltene Stämme kann kein Schutz bestehen, wie bei der menschlichen Grippeimpfung, die auch nicht vor einem Schnupfen schützt. Weitere Hintergrundinformationen finden Sie auf S. 40.

den in ihrer Bewegung so sehr eingeschränkt, daß sie schließlich in großen Mengen abbrechen. Zuzüglich treten direkte Schäden durch die Viren auf. Damit kommt die Reinigungsfunktion zum Erliegen, und der vermehrt anfallende, virenhaltige Schleim bleibt in der Lunge zurück. Dort verlegt er die luftführenden Wege und bietet Bakterien einen idealen Nährboden bei günstigen Temperaturen. Der Hustenvorgang als solcher ist auch in diesem Fall ein Schutzmechanismus: Wenn das Flimmerepithel nur noch eingeschränkt arbeitet, kann der Schleim nur durch Husten entfernt werden.

Typische Symptome eines Virushustens sind plötzliches Fieber, verringerte Futteraufnahme, Mattigkeit, Husten, vermehrter Nasenausfluß, der zunächst wäßrig und dünnflüssig, später milchig und zäh ist, angestrengte Atmung und schnelles Schwitzen.

Die Pferde erkranken oft sehr heftig. In den meisten Fällen ist die Erkrankung nach acht bis vierzehn Tagen überstanden, wenn dem Patienten gute Bedingungen für die Heilung geschaffen werden. Dazu gehört vor allem eine luftige Unterbringung und die Vermeidung jeder Staubentwicklung, besonders aus Heu und Stroh.

Besteht nur der geringste Verdacht auf eine solche Infektion der Atmungsorgane, ist sofort der Tierarzt zu benachrichtigen. Wurde vorher die Körperinnentemperatur des Pferdes gemessen (Normalwert: bis 38,0 Grad Celsius), kann diese Information bereits telefonisch mitgeteilt werden.

Ein fieberndes Pferd wird im Sommer schattig untergebracht, im Winter deckt man es ein, da kranke, insbesondere fiebernde Pferde einerseits leichter frieren, andererseits aber auch keine zu hohen Außentemperaturen und keine direkte Sonneneinstrahlung vertragen. **Natürlich kann man den Patienten nicht reiten.**

Viruserkrankungen müssen in jedem Fall tierärztlich überwacht und behandelt werden. Die größte Verantwortung hat der Pferdehalter aber selbst. Während der akuten Erkrankung muß der Patient unbedingt luftig untergebracht sein. Einer Offenbox mit Halbtüren ins Freie oder einem sich anschließenden Paddock ist der Vorzug zu geben, sofern das Pferd an diese Haltungsbedingungen gewöhnt ist und nicht bei strengem Frost erstmalig umgestellt wird. Es ist in dieser Phase von großer Bedeutung, das Heu und Futterstroh vorsorglich etwa 14 Tage lang naß zu verfüttern. Idealerweise kann während dieser Zeit zusätzlich die Stroheinstreu durch eine solche aus Hobelspänen ersetzt werden.

Die Mühe lohnt sich: Nur so kann einer Allergisierung des Pferdes gegen den pilzsporenhaltigen Staub aus Heu und Stroh effektiv vorgebeugt werden. Diese Gefahr ist bei entzündeten, geschwollenen Schleimhäuten der Atemwege, die überdies mit körpereigenen Immunzellen übersät sind, außerordentlich hoch. Hier wird ein besonders enger Kontakt zwischen den Sporen und dem Abwehrsystem des Körpers hergestellt, der leicht zu einer »Fehlprägung« führen kann. Eine so erworbene Allergie führt in den meisten Fällen zu einem chronischen Husten, da die Pferde dem Staub aus Heu und Stroh in einer durchschnittlichen Haltung fortwährend ausgesetzt sind. Die Weichen dafür werden bereits in den ersten Tagen der akuten Krankheit gestellt.

> **Vorsicht, Ansteckung!**
>
> Bis zum Eintreffen des Tierarztes sollte ein verantwortungsvoller Pferdehalter schon beim Verdacht auf eine fieberhafte Infektionskrankheit unbedingt sinnvolle Maßnahmen ergreifen: Vorsorglich wird das kranke Pferd vom Rest des Bestandes isoliert, um die Infektionserreger nicht auf noch gesunde Pferde oder in Nachbarbestände weiterzutragen. Hierfür benutzt man eine räumlich getrennte Box außerhalb der Hauptstallung. Diese Box darf aber nicht in einem dunklen Winkel untergebracht sein, sondern sollte im Gegenteil eine möglichst gute Belüftung haben, denn Hustenpferde brauchen zwar eine gewisse Wärme, keinesfalls aber stickige Luft, die sie erst recht krank macht. Eine Isolierbox müßte gerade in großen Reitanlagen eigentlich eine Selbstverständlichkeit sein. Das erkrankte Pferd bekommt besondere Tränk- und Futtereimer sowie eigenes Putzzeug. Es wird erst nach den gesunden Tieren versorgt, und danach wäscht sich der Pfleger gründlich die Hände. Kleidungswechsel ist ideal, meist aber nicht praktikabel. Trotz aller isolierenden Maßnahmen wird man eine Ausbreitung der Infektion oft nicht verhindern können.

Bakterien

Bakterien sind ebenfalls Krankheitserreger, jedoch komplizierter aufgebaut als Viren. Leichter als Viren werden Bakterien auch ohne direkten Tierkontakt übertragen: Durch Menschen, Kleidung, Sättel und auf anderem Wege können bakterienhaltiger Nasenausfluß und Speichel erkrankter Pferde verschleppt werden. Daher ist die Umgebung von Tier und Mensch, aber auch deren Haut und Schleimhaut von zahlreichen Bakteriengattungen dauerhaft besiedelt. Eine Erkrankung entsteht daraus jedoch, wie bei den Viren, erst nach einer Minderung der Abwehrkräfte durch Fütterungsfehler, übermäßige Belastung, Streßfaktoren und besonders häufig durch eine vorher eingetretene Viruserkrankung. Diese erleichtert den Bakterien ihren Weg zu einer Infektion des Pferdes. Deshalb spricht man auch von einer sekundären bakteriellen Infektion. Der bei einer Virusinfektion reichlich abgesonderte zähe Schleim, nach außen hin als Nasenausfluß sichtbar, ist überdies ein idealer bakterieller Nährboden. Je zäher der Schleim, desto länger bleibt er wegen der Beschädigung des Flimmerepithels in der Lunge liegen, und desto höher ist das Risiko für eine zuzügliche bakterielle Infektion.

Bakteriell verkomplizierte Virusinfektionen sind für Pferde besonders gefährlich und können dauerhafte Schäden nach sich ziehen. Auch hier besiedeln die krankmachenden Keime die Schleimhaut, zerstören sie teilweise und rufen eine erneute heftige Abwehrreaktion des Körpers hervor. Bei einem typischen Verlauf geht es dem Patienten nach anfänglicher Besserung der Viruserkrankung zunächst wieder gut. Mit dem Wachstum der Bakterien aber verschlechtert sich das Befin-

> **Ist Nasenausfluß bedenklich?**
>
> *Nach dem Reiten hat mein Pferd oft etwas Nasenausfluß. Muß ich deshalb den Tierarzt rufen?*
>
> Unbedenklich ist nur eine ganz geringe Menge wäßrigen Nasenausflusses. Dieser besteht aus überschüssiger Tränenflüssigkeit, die über den Tränennasenkanal in die Nüstern geleitet wird. Bei strenger Kälte oder starkem Wind kann diese Menge etwas größer sein, in staubigen Reithallen auch grau verfärbt. Größere Mengen eines milchig-zähen, gelben oder gar grünlichen Nasenausflusses sind immer ein Zeichen für Krankheitsprozesse an den Atmungsorganen, die der baldigen Klärung und Behandlung bedürfen. Tritt milchig-zäher Nasenausfluß verstärkt während oder nach der Arbeit auf, ist dies in der Regel ein Hinweis auf eine chronische Lungenerkrankung mit zähem Schleim in den Bronchien. Zum Weiterlesen: S. 15 ff.

den erneut. Es treten weitere Fieberschübe auf, das Pferd ist abgeschlagen, der Husten kann sich verstärken, der Nasenausfluß wird nun gelblich, zunehmend geht Lungengewebe verloren. Nur eine massive antibiotische Therapie kann das Tier dann noch vor schwerwiegenden Folgeschäden schützen.

Das bereits erwähnte Risiko einer Allergisierung auf Stallstäube vergrößert sich in dieser Situation noch einmal und sollte durch weitgehende Ausschaltung der Stäube reduziert werden.

Während die so beschriebenen Bakterien überwiegend nach Viruserkrankungen auftreten und kein eindeutiges Krankheitsbild hervorrufen, können andere auch als Erstkeime ohne eine Vorerkrankung Probleme bereiten und ganz spezielle Krankheiten bewirken.

Für die Atemwege bedeutsam ist der Erreger der Druse, das Bakterium *Streptococcus equi*. Druse ist eine eitrige Entzündung von Nasenraum und Kehlkopf, bei der sich Abszesse in den Kehlgangs- und Unterkieferlymphknoten bilden. Das Pferd ist matt und hat hohes Fieber, hustet aber kaum. Vor allem hat es Schluckbeschwerden, frißt und trinkt daher wenig und sondert unter Umständen gelblichen Nasenausfluß ab. Im günstigsten Fall öffnen sich die Lymphknotenabszesse etwa ein bis zwei Wochen nach dem Krankheitsbeginn von selbst, und der Patient gesundet dann schnell. Manchmal müssen die Abszesse vom Tierarzt geöffnet werden. Bei der komplizierten Verlaufsform werden Bakterien über das Blut in andere Organe verschleppt und verursachen schwerste Folgeschäden, etwa die Bildung weiterer eitriger Prozesse in lebenswichtigen Organen oder einen generalisierten Kreislaufschock.

Als Folgeerkrankung einer Druse tritt gelegentlich die Blutfleckenkrankheit auf, die aus einer schweren allergieähnlichen Reaktion des Körpers auf Substanzen in der Zellwand der Bakterien entsteht. Die Blutfleckenkrankheit ist in 30 bis 50 % aller Fälle tödlich.

Druse ist sehr ansteckend, nicht nur durch den direkten Kontakt der Pferde untereinander, sondern auch bei einer Keimverschleppung durch Menschen und Gegenstände. Im Abszeßeiter und im Blut erkrankter Pferde sind die Bakterien über mehrere Wochen infektionsfähig. Die bereits erwähnten isolierenden Maßnahmen sind daher besonders zum Schutz benachbarter Bestände unerläßlich und sollten bereits beim geringsten Verdacht auf eine Druseerkrankung ergriffen werden.

Aufgrund des dramatischen Krankheitsverlaufs ist eine umgehende Benachrichtigung des Tierarztes wesentlich. Dessen Therapie richtet sich nach dem Einzelfall. Obwohl der Druseerreger ein Bakterium und daher mit Antibiotika zu bekämpfen ist, wendet man diese Stoffe nach Möglichkeit zunächst nicht an. Bei regelhaftem Verlauf der Krankheit und Patienten mit guter Abwehrlage ist sogar ein ungestörter Ablauf der Infektion erwünscht, damit der Körper die Bakterien vollständig ausscheiden kann. Eine Gabe von Antibiotika könnte diese Prozesse möglicherweise stören und der Bildung von »kalten Abszessen« in den inneren Organen Vorschub leisten, in denen sich fortlaufend neue Bakterien bilden und von dort aus in die Blutbahn gelangen können.

Dennoch kann auf die Anwendung von Antibiotika oft nicht verzichtet werden, wenn sich Komplikationen ergeben. Besonders bei Fohlen und sehr alten Pferden, die aufgrund eines Erstbefalls keine Antikörper gegen Drusebakterien haben, ist eine hochdosierte Antibiose zumeist das kleinere Übel, wenn der Körper mit den Bakterien nicht aus eigener Kraft fertig wird.

Pilze

Ähnlich den Bakterien sind auch Pilze in der gesamten Umwelt des Pferdes vorhanden, bei gesunder Immunabwehr kommt es jedoch zu keiner Erkrankung. Eine zeitweilige Abwehrschwäche kann aber zu einer Infektion führen, die als Mykose bezeichnet wird. Im Bereich der Atemwege entsteht gelegentlich eine Mykose der Luftsäcke.

Die Luftsäcke sind beiderseits der Ganaschen gelegene Ausbuchtungen des Nasenraumes. Wird deren empfindliche Schleimhaut von speziellen Pilzen besiedelt, ist das Pferd zunächst ohne besondere Symptome. Gelegentlich treten geringgradige Schluckbeschwerden oder mangelnde Freßlust auf. Das Pilzwachstum zerstört fortwährend Körpergewebe im Bereich der Luftsäcke. Werden dabei Nerven beschädigt, so können Lähmungserscheinungen im Kopfbereich auftreten. Die Luftsäcke und deren Umgebung werden außerdem von relativ großen Blutgefäßen durchzogen. Die Beschädigung einer Blutgefäßwand kann zu plötzlichem Tod durch Verbluten führen, da die Blutung an solch versteckter und schlecht zugänglicher Stelle auch bei rechtzeitiger Hilfe kaum gestillt werden kann. Diese Krankheit ist für Pferde also sehr gefährlich und zudem schwer zu behandeln. Sie tritt jedoch verhältnismäßig selten auf. An Luftsackmykosen erkrankte Pferde husten nicht.

Sehr viel häufiger und daher gefährlicher sind gewöhnliche Schimmelpilze. Die Gefahr besteht bei diesen aber nicht in einer direkten Besiedelung der Schleimhaut in den Atemwegen, sondern in den Vermehrungsformen der Pilze, den Sporen.

Pilzsporen aus Heu und Stroh sind in hohem Maße allergisierend und für die Mehrzahl der chronischen Hustenerkrankungen verantwortlich.

Sie verschlimmern den Ablauf akuter infektiöser Hustenerkrankungen und sind vor allem für die Dauerhaftigkeit vieler chronischer Hustenerkrankungen verantwortlich, die letztlich eine Allergie gegen diese Pilzsporen sind.

Die Sporen sind in großer Anzahl im Heu, geringer dagegen im Stroh enthalten. Bereits kleinste Mengen, auch aus Futtermitteln von guter Qualität, können Pferde schwer und dauerhaft erkranken lassen. Der Krankheitszustand bleibt so lange bestehen, wie der Patient den Allergenen, also diesen Pilzsporen, ausgesetzt ist. Therapeutische Maßnahmen können die Symptome bestenfalls zeitweise zurückdrängen. Sie ändern aber wenig an der Erkrankung. Chronische Hustenpferde sind in ihrer Leistungsfähigkeit nicht nur stark beeinträchtigt, sondern werden auf mittlere Sicht an dieser Krankheit sterben. Durch eine staubarme und luftige Haltung kann man in vielen Fällen Abhilfe schaffen.

Parasiten

Auch parasitäre Erreger können die Atmungsorgane des Pferdes befallen und schädigen. Diese Erkrankungen verlaufen überwiegend langsamer als virale oder bakterielle Infektionen. Die Patienten husten zunächst nur wenig. Trotzdem sind die Lungenschäden bedeutsam. Parasiten sind im Vergleich zu Viren und Bakterien sehr hoch entwickelte Organismen. Daher kann der Körper gegen Parasiten keine echte Immunität im engeren Sinne aufbauen, wie sie etwa durch eine Impfung erreichbar ist. Dennoch sind Pferde unterschiedlich anfällig für Parasitenbefall. Fohlen und junge Pferde haben die geringste Widerstandskraft, während ältere Pferde weniger empfindlich sind. Auch aus diesem Grunde sollten Fohlen häufiger entwurmt werden.

Der Lungenwurm der Pferde (*Dictyocaulus arnfieldi*) kann sich dauerhaft in Lunge und Bronchialbaum des Pferdes einnisten. Massenhafter Befall führt zu Bronchitis mit dauerndem trockenen Husten, Freßunlust und Abmagerung. Häufiger noch als Pferde werden Esel von Lungenwürmern befallen. Bei gemeinsamer Haltung dieser beiden Tiere müssen daher alle Entwurmungen parallel erfolgen. Gefährlicher ist, daß Esel oft symptomlose Parasitenträger sind, besonders wenn sie aus südlichen Ländern importiert wurden. Während der Esel mit dem Parasiten längere Zeit ohne ernsthafte Schäden und vor allem auch ohne Symptome leben kann, erkrankt das Pferd in der Regel schwerer. Die Diagnose dieses Parasiten aus dem Kot ist oft schwierig. Ein vermeintlich negatives Ergebnis sollte durch eine weitere Untersuchung nach etwa drei Wochen kontrolliert werden.

Andere Parasiten halten sich nur zeitweise in der Lunge auf. Larven des Pferdespulwurmes (*Parascaris equorum*) etwa durchbohren auf ihrem Weg in den Verdauungstrakt das Lungengewebe und verursachen dort Blutungen, Entzündungen und daher auch Husten. Besonders junge Pferde und Fohlen erkranken schwer.

Der Zwergfadenwurm (*Strongyloides westeri*) ist besonders bei Fohlen bedeutsam, welche sich zumeist über die Milch der Stute infizieren. Ein Massenbefall führt zu schweren, oft tödlichen Lungen-

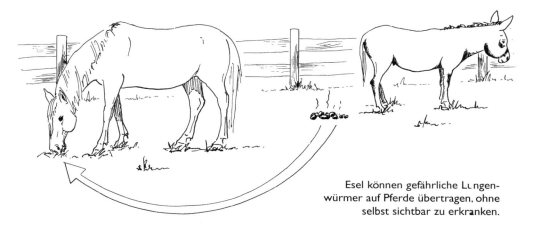

Esel können gefährliche Lungenwürmer auf Pferde übertragen, ohne selbst sichtbar zu erkranken.

entzündungen. Die Bohrgänge der Würmer stellen überdies Infektionswege für Bakterien dar.

Behandlung

Der Tierarzt diagnostiziert den Sitz und die Art der akuten Hustenerkrankung. In den meisten Fällen sind Störungen an Lunge und Bronchien die Ursache für den Husten. Die Weiterführung der Therapie ist auf das jeweilige Einzelpferd abgestimmt und sollte genau eingehalten werden. Es kommen dabei verschiedene Medikamente zum Einsatz.

Antibiotika

Antibiotika wirken gegen Bakterien, indem sie diese abtöten oder so lange an der Vermehrung hindern, bis sie von der körpereigenen Abwehr unschädlich gemacht worden sind. Wenn das Antibiotikum keine Wirkung zeigt, liegt möglicherweise eine Resistenz dieses Bakterienstammes gegen den zunächst gewählten Wirkstoff vor. Dann kann die Anwendung eines anderen Wirkstoffes in Frage kommen. Zur Vermeidung von weiteren Resistenzen sollten Antibiotika grundsätzlich so lange verabreicht werden, bis die Bakterien sicher abgetötet sind. Die Weiterführung der Therapie ist daher auch nach der ersten Besserung der Krankheit noch erforderlich.

Eine antibiotische Behandlung ist nur dann sinnvoll, wenn auch tatsächlich eine bakterielle Infektion vorliegt oder unmittelbar droht, etwa im Gefolge eines fieberhaften akuten Virushustens, der die Immunabwehr des Pferdes stark belastet hat. Gelblicher Nasenausfluß ist ein Zeichen für Bakterienbefall. Die antibiotische Therapie wird bei Pferden, im Gegensatz zu der bei Menschen üblichen oralen Aufnahme, mit wenigen Ausnahmen über Injektionen durchgeführt. Der Grund liegt in der großen Empfindlichkeit der Darmflora des Pferdes gegenüber den meisten Antibiotika. Obwohl Antibiotika keine Wirkung gegen Viren haben, kann die Gabe im Einzelfall auch bei Virushusten sinnvoll sein, um bereits einen Schutz gegen drohende sekundäre bakterielle Infektionen aufzubauen.

Krampflösende Medikamente

Wenn allergische Komponenten an dem Husten beteiligt sind, was auch bei akuten Erkrankungen bereits der Fall sein kann, neigt die Muskulatur der Bronchiolen zu einer krampfhaften reflektorischen Dauerspannung und verkleinert damit das Volumen der Luftwege. Man nennt diesen Zustand einen Bronchospasmus. In solchen Fällen kann ein medikamentöses Lösen des Krampfes die verengten Luftwege weiten. Die Atemluft strömt wieder besser, der Abfluß des Sekrets wird erleichtert. Viele Patienten sprechen auf diese Medikamente, sogenannte Bronchospasmolytika, aber nicht oder nur unvollständig an.

Schleimlösende Medikamente

Größere Schleimmengen in Lunge und Bronchien können durch Expektorantien (Sekretolytika), also schleimlösende Medikamente, über eine Erhöhung des Wassergehaltes oder Lösung der intermolekularen Bindungen verflüssigt werden. Der Schleim wird dann leichter durch das Flimmerepithel abtransportiert oder abgehustet. Ist der Schleim noch trocken und zäh, kann er bei einmaligem Abhorchen der Lunge mit dem Stethoskop möglicherweise nicht gehört werden, wohl aber nach der versuchsweisen Gabe von Expektorantien. Die übermäßige Bildung von Bronchialschleim erschwert die Atmung und gibt Bakterien einen guten Nährboden.

Als Expektorantien sind auch Hustenkräutermischungen gut geeignet. Diese sind jedoch von sehr unterschiedlicher Qualität, die zu erkennen oft schwierig ist. In jedem Fall müssen die Kräuteranteile getrennt und in Gramm auf der Verpackung deklariert sein. Man achte dabei auf die Gewichtsverteilung der Einzelkomponenten. Schwere Anteile, etwa Fichtenspitzen, Birken- und Haselnußblätter, sollten nicht als Massenfüllstoff überwiegen.

Pelletierte Kräutermischungen hingegen enthalten absichtlich Füllstoffe: Melasse, Futterzucker und Grünmehl erhöhen die geschmackliche Akzeptanz bei den Pferden, so daß die Verfütterung ein-

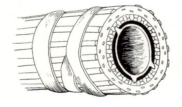

Allergischer Husten kann zu Krämpfen in den Luftwegen führen, der Patient leidet unter Atemnot.

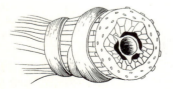

Rechts oben: Reine Weidehaltung schützt vor Staub und Pilzsporen; sie bietet die Möglichkeit, chronisch-allergischen Husten auszuheilen.
Unten: Sozialkontakte sind für eine artgerechte Pferdehaltung unerläßlich.

facher ist. Auch hier sollte man das Gewichtsverhältnis zwischen Füll- und Wirkstoffen genau überprüfen.

Gemeinsam ist allen Kräutermischungen, daß man sie etwa vier bis sechs Wochen geben muß, um einen nennenswerten Effekt zu erzielen. Zu Beginn kann eine zeitweilige Verschlimmerung des Hustens durch massenhaft sich lösenden Schleim auftreten. Bewegen des Pferdes unterstützt die Ausscheidung.

Kortison und verwandte Stoffe

Jeder Säugetierorganismus enthält die natürlichen Kortikoide Kortison und Kortisol. Sie wirken als Hormone und steuern zahlreiche Funktionen des Körpers: Energie- und Eiweißstoffwechsel, Kreislaufregulation, Nierenfunktionen und die Regelung von Streßsituationen. Außerdem haben Kortikoide in höherer Dosis eine stark entzündungshemmende, abschwellende und antiallergische Wirkung, die therapeutisch genutzt werden kann. Die künstliche Herstellung verschiedener Kortikoide erlaubt es, in Wirkungsstärke und -dauer sehr unterschiedliche Behandlungen vorzunehmen und die Nebenwirkungen gering zu halten.

Ist die entzündliche Schwellung der Atemwege sehr stark, kann es bereits bei akuten Hustenerkrankungen zu Atemnotzuständen bei den Patienten kommen. Eine rasche Abschwellung der Schleimhaut ist dann unbedingt erforderlich. Dafür sind Kortikoide das Mittel der Wahl, insbesondere bei gleichzeitigem Auftreten allergischer Effekte, die nicht auf Bronchospasmolytika ansprechen. Im Vergleich zu den möglichen Schäden für das unbehandelte Pferd sind die Nebenwirkungen einer genau dosierten und kurzen Therapie mit Kortikoiden verschwindend gering. Aus pharmakologischen Gründen ist es in gewissen Fällen erforderlich, die Anwendung des Kortikoids mit der Gabe von Antibiotika zu kombinieren.

Mittel zur Anregung der körpereigenen Abwehr

Diese Stoffgruppe der sogenannten Immunstimulantien regt das Immunsystem zur verstärkten Bildung unspezifischer Abwehrzellen an. Ein solcher Mechanismus ist weniger effektiv als die Bildung spezifischer Antikörper gegen bestimmte Viren durch eine vorbeugende Impfung. Dennoch kann er die Ausheilung von Virusinfektionen beschleunigen, da diese nicht über Antibiotika zu beherrschen sind. Zur Steigerung der Wirkung sollten Immunstimulantien mit Vitaminen kombiniert und wiederholt gegeben werden.

Inhalieren

Das Inhalieren von Wasserdampf unter dem Zusatz ätherischer Öle und anderer Stoffe kann bei Erkrankungen der oberen Atemwege neben der weiteren Therapie unterstützend hilfreich sein. Hier kann

Links oben: Eine mustergültige Anlage: Zu jeder Box gehört ein kleiner Paddock. Wegen des vermeintlich zu schlechten Wetters wurden die Pferde aber leider trotzdem eingesperrt.
Unten: Eine ähnlich gebaute Anlage am selben Tag, bei gleichem Wetter, aber: Die Pferde dürfen ihren Aufenthaltsort frei wählen – und entscheiden sich trotz Nieselregen für die frische Außenluft.

So ist Inhalieren nicht sehr hilfreich. Besser ist ein Ultraschallvernebler, dessen kleine Tröpfchen bis in die Lungenbläschen gelangen.

der heiße Wasserdampf mit den heilsamen Substanzen seine beruhigende, schleimhautabschwellende und hustendämpfende Wirkung entfalten. Allerdings muß ausreichend oft und lange inhaliert werden, in der Regel dreimal täglich 20 bis 30 Minuten über mindestens eine Woche.

Leider sitzt der Krankheitsherd der bedeutsamen und gefährlichen Hustenkrankheiten meist in den Endaufzweigungen des Bronchialbaumes, also den feinsten Bronchiolen und den Lungenbläschen selbst (s. S. 10 f.). Hierhin dringen nur sehr kleine Partikel vor, die höchstens 5 μm im Durchmesser haben. Der normale Wasserdampf aus einem Inhaliertopf besteht aus größeren Tröpfchen und kann daher hier keine Wirkung mehr entfalten. Das ist nur mit einem Inhalationsgerät auf Ultraschallbasis möglich, das winzigste Tröpfchen freisetzt, die wirklich an den Ort des Krankheitsgeschehens gelangen können.

Naturheilverfahren

Akute Hustenerkrankungen verschlimmern sich rasch und sind meist von ernsthaften Symptomen begleitet. Ist eine Therapie erforderlich, so muß diese schnell einsetzen und prompt wirken. Daraus ergibt sich von selbst, daß alleinige naturheilkundliche Behandlungen, insbesondere die Homöopathie, aus medizinischen Gründen und solchen des Tierschutzes nicht angewendet werden können. Vor allem im antibiotischen, bronchospasmolytischen und antiallergischen Bereich existieren entgegen anderslautender Beteuerungen keine effektiven Wirkstoffe, die dem Standard der heutigen Tiermedizin entsprechen.

Naturheilverfahren sind nur unterstüt-

> **Ein Fall für den Tierarzt**
>
> Hustenerkrankungen der Pferde sind nicht mit einem harmlosen Schnupfen oder einer Erkältung des Menschen gleichzusetzen, die mit und ohne Therapie von selbst wieder verschwinden. Sie müssen unbedingt tierärztlich behandelt und sorgfältig ausgeheilt werden, will man nicht die Nutzbarkeit oder sogar das Leben des erkrankten Tieres aufs Spiel setzen.

zend und begleitend sinnvoll, und dies auch nur, wenn grundlegende Haltungsänderungen, die sie keinesfalls ersetzen können, darüber nicht vergessen werden. Es bedarf keiner besonderen Erwähnung, daß die Diagnostik und Therapie von Hustenerkrankungen grundsätzlich von Tierärzten vorzunehmen ist. Hustenerkrankungen der Pferde können gefährliche Ursachen und schwerwiegende Folgen haben, deren Beurteilung durch Tierheilbehandler und andere Laienheilkundige verheerende Folgen für den Patienten haben kann.

Über die tierärztliche Therapie hinaus können und müssen die Halter eines an akutem Husten erkrankten Pferdes aber auch selbst aktiv werden. Mit einfachen Maßnahmen kann die Heilung beschleunigt und Folgeschäden vorgebeugt werden.

Pflege und Haltung

Hustende Pferde dürfen während einer akuten fieberhaften Erkrankung natürlich nicht gearbeitet werden. Nach der Krankheit ist den Patienten eine ausreichende Erholungszeit zuzugestehen und das Training langsam zu beginnen. Unter anderem wird dadurch einem Rückfall,

> **Kann auch gutes Heu Husten auslösen?**
>
> *Unser Heu ist im Labor untersucht und als »qualitativ gut« eingestuft worden. Warum husten unsere Pferde trotzdem?*
>
> Auch qualitativ hervorragendes Heu ist immer mit einer gewissen Menge an Schimmelpilzen behaftet, unabhängig vom äußeren Anschein der Futtermittel.
> Hustet ein Pferd bereits chronisch aufgrund einer Allergie, darf es auch nicht den kleinen Mengen sporenhaltigen Heustaubes ausgesetzt werden, die selbst in erstklassigem Rauhfutter immer vorhanden sind. Aus demselben Grund kann auch gutes Heu im Fall eines akuten Hustens, durch den die Atmungsorgane bereits angegriffen sind, eine solche Allergie hervorrufen. Zum Weiterlesen: S. 45 f.

einer Verschleppung der Infektion und einer bakteriellen Sekundärinfektion vorgebeugt.

Entgegen der traditionellen Vorstellung dürfen hustende Pferde auf keinen Fall in warmen und feuchten Ställen stehen.

Der Gehalt an Schadgasen und Staub in geschlossenen, warmen Ställen wirkt sich sehr negativ auf den Krankheitsverlauf aus und programmiert Folgeschäden in Form eines chronischen Hustens. Die Patienten brauchen unbedingt viel frische Luft. Optimal ist eine offene Box mit Halbtüren und direktem Ausblick nach draußen oder mit einem vorgelagerten kleinen Auslauf oder Paddock, sofern die Pferde an diese Haltung gewöhnt sind und nicht etwa während hochwinterlicher Temperaturen umgestellt werden. Dem erhöhten Wärmebedürfnis noch fiebernder Pferde entspricht man bei niedrigen Außentemperaturen durch Eindecken.

Bedeutsam ist die vorsorgliche Reduzierung der Staubentwicklung aus Heu und Stroh für etwa zwei Wochen, indem man Heu und Futterstroh nur nach völligem Eintauchen in Wasser verfüttert und nach Möglichkeit auch die Stroheinstreu durch Hobelspäne ersetzt. Auch gutes Heu und Stroh ist immer mit Schimmelpilzen besetzt. Die Vermehrungsformen der Schimmelpilze, die Sporen, werden von den Pferden eingeatmet und sind hochgradig allergen. Während der akuten Infektion aber sind die Schleimhäute der Atemwege entzündet und dadurch intensiv durchblutet. Zuzüglich ist das Gewebe durch die Bekämpfung der Viren und Bakterien mit Zellen des Immunsystems dicht besetzt. So ist der Kontakt zwischen den Pilzsporen und dem Immunsystem sehr eng. Dadurch können »Fehlprägungen« entstehen und damit eine Allergisierung auf die Pilzsporen. Diese Allergie bleibt als chronischer Husten auch dann noch bestehen, wenn die Viruserkrankung längst ausgeheilt ist. Jeder weitere alltägliche Kontakt zu Heu oder Stroh sorgt dann für eine ständige Fortdauer des Hustens – das chronische Hustenpferd entsteht. Isoliert man das Tier aber in dieser besonders gefährdeten Zeit weitgehend von den allergisierenden Sporen, indem man Heu und Stroh naß verfüttert, kann man dieses Risiko senken und damit der Entwicklung eines chronischen Hustens vorbeugen.

Vorbeuge

Vorbeugende Maßnahmen sind zur Verhinderung akuter Hustenerkrankungen und des damit einhergehenden Nutzungsausfalles sehr wichtig. Ein gesundes, vernünftig gehaltenes und gefüttertes Pferd, das regelmäßig entwurmt und geimpft wird, ist gegen akute Erkrankungen bestmöglich geschützt.

Impfungen

Impfungen gegen die häufigen Viruserkrankungen (Pferdeinfluenza, Equines Herpesvirus und andere) bewirken bei den Pferden eine spezifische Antikörperbildung und schützen daher vor Infektionen. Antikörper passen exakt auf die Hülle des jeweiligen Virus und machen dieses daher unschädlich. Das Prinzip der Impfung besteht darin, dem Immunsystem des Körpers abgetötete Viren als Muster zu zeigen, damit Baupläne für Antikörper angelegt und in Form von Gedächtniszel-

Kann man hustende Pferde impfen?

Mein Pony hustet; trotzdem möchte ich auf eine Schutzimpfung nicht verzichten. Ist das möglich?

Wenn Pferde akut erkrankt sind, Fieber haben und schwach sind, ist eine Impfung, unabhängig von Hustensymptomen, nicht möglich. Chronische Hustenpferde in gutem Allgemeinbefinden können nach sorgfältiger Untersuchung im Einzelfall durchaus geimpft werden. Damit beugt man einer erneuten Infektion mit Hustenviren vor, die den Krankheitsprozeß verschlimmern können. Zum Weiterlesen: S. 60 f.

---

len aufgehoben werden können. Kommt es dann zu einer wirklichen Infektion mit dem Virus, gelingt die Abwehr meist so schnell, daß die Krankheit nicht ausbricht. Gegen andere als die verimpften Krankheitserreger besteht – ähnlich wie bei der Virusgrippe des Menschen – natürlich keine Immunität.

Es ist wesentlich, das vom Hersteller angegebene Impfschema in Grundimmunisierung und regelmäßigen Auffrischungsimpfungen genau einzuhalten. Die zeitlichen Abstände variieren in Abhängigkeit vom Impfstofftyp. Allen ist gemeinsam, daß die Intervalle im Vergleich zu den meisten Impfungen des Menschen sehr kurz sind, da die Erreger nur eine relativ schwache Antikörperreaktion des Organismus bewirken. Wenn eine Impflücke aufreißt, »vergißt« die Immunabwehr den Bauplan des Virus. Dann muß eine neue Grundimmunisierung durchgeführt werden.

Es versteht sich von selbst, daß man nur gesunde Pferde impfen kann. Gesund bedeutet: zur Zeit nicht mit einer akuten Infektion beschäftigt, gut ernährt und nicht übermäßig mit Parasiten belastet. Wirkt ein Pferd also gesund und lebhaft und hat kein Fieber, was immer unmittelbar vor jeder Impfung mit dem Thermometer zu kontrollieren ist, so kann es geimpft werden. Schwieriger ist die Entscheidung bei chronischen Hustenpferden (s. S. 60 f.). Werden Pferde etwa zwei Wochen vor einer Impfung entwurmt, ist die Immunantwort des Körpers aufgrund der reduzierten Parasitenbürde besser. Dieses Vorgehen steigert die Effektivität der Impfung.

Impfungen gegen Druse sind nicht für jedes Pferd erforderlich. Bei lokalen Seuchenzügen, größeren Beständen von Jungpferden und einer großen Einschleppungsgefahr durch häufiges Umgruppieren oder Turniere können sie aber durchaus wichtig sein. Eine Beratung durch den Haustierarzt ist sinnvoll, um das jeweilige Risiko abzuschätzen.

Bei jeder Impfung ist mit lokalen Reaktionen an der Injektionsstelle zu rechnen. Schwellungen und Schmerzen gehen aber in der Regel schnell vorüber. In seltenen Fällen können Störungen des Allgemeinbefindens auftreten, etwa Abgeschlagenheit, geringgradiges Fieber oder Kreislaufprobleme. Wichtig ist es, die Pferde nach der Impfung einige Tage zu schonen und genau zu beobachten. Die Vorteile einer Impfung überwiegen die wenigen Nachteile aber ganz erheblich. Dies gilt neben den Hustenimpfungen in besonderem Maße auch für die bei Pferden bedeutsamen Impfungen gegen Tetanus (Wundstarrkrampf) und Tollwut. Tetanus ist in etwa 60% aller Fälle, Tollwut fast obligat tödlich. Bei letztgenannter sollte auch die Infektionsgefahr für den Menschen nicht unterschätzt werden.

Entwurmungen

Entwurmungen sind für die Gesundheit des Pferdes – nicht nur in bezug auf Atemwegserkrankungen – absolut unerläßlich. Erwachsene Pferde sollten mindestens viermal pro Jahr entwurmt werden, Fohlen alle acht Wochen. Eine vorherige Kotuntersuchung verschafft Klarheit über Art und Intensität der Verwurmung, macht den Einsatz der Wurmkuren gezielter und manchmal auch billiger. Einige Parasiten werden allerdings nur phasenweise ausgeschieden, unter anderem auch der Lungenwurm. Eine einzelne Kotuntersuchung ist daher bei negativem Ergebnis nicht unbedingt aussagekräftig und sollte im Verdachtsfalle wiederholt werden.

Resistenzen der Parasiten sind bisher nur gegen eine Wirkstoffgruppe nachgewiesen. Trotzdem sollte dieser Entwicklung kein Vorschub geleistet werden. Daher empfiehlt es sich, den Wirkstoff häufig zu wechseln. Dabei beachtet man die Wirkstoffangabe auf der Verpackung, um nicht versehentlich den gleichen Wirkstoff unter anderem Handelsnamen zu benutzen.

Eine homöopathische Entwurmung gibt es nicht, Parasitenbefall kann mit Naturheilverfahren nicht behandelt werden. Die Nebenwirkungen der Entwurmungen sind im Vergleich zu deren Nutzen sehr gering. Viele Substanzen werden erst gar nicht in den Körper resorbiert, sondern wirken nur im Darm abtötend auf die Würmer. Zur Bekämpfung mancher durch den Pferdekörper wandernder Wurmarten ist es jedoch geradezu erforderlich, daß das Medikament vollständig aufgenommen und im gesamten Körper verteilt wird.

Für Zwischenfälle und daher auch für eine gewisse Verunsicherung bezüglich der Nebenwirkungen von Wurmmitteln sorgten in der Vergangenheit gelegentlich ältere Produkte auf Phosphorsäure-Ester-Basis (Trichlorfon, Haloxon, Coumafos) in versehentlicher Überdosierung. Diese Stoffe wurden und werden teilweise noch zur Bekämpfung der Magendasseln der Pferde eingesetzt. Die Entdeckung der Ivermectin-Gruppe macht die Benutzung der risikoträchtigeren Phosphorsäure-Ester aber mittlerweile überflüssig. Ivermectine haben für die Bekämpfung der Larven von Magendasseln gegenüber den alten Medikamenten außerdem den Vorteil, die Larven bereits auf ihrer schädigenden Wanderung durch den Körper abzutöten und nicht erst bei deren Ankunft im Magen. Daher liegt der rechte Zeitpunkt für die Gabe von Ivomec im Oktober, nicht etwa im Januar.

Der Parasitenbefall kann auch durch täglich gewechselte, saubere Einstreu und insbesondere durch das Absammeln des Kotes aus Weiden und Ausläufen wesentlich reduziert werden. Eine Matratzeneinstreu ist hingegen zu vermeiden. Auch das immer wieder praktizierte

Verteilen der Kothaufen auf der Weide ist unbedingt zu unterlassen. In mitteleuropäischem Klima werden die Parasiten nämlich weder durch Sommerhitze noch durch Winterfröste sicher abgetötet, sondern ganz im Gegenteil über die gesamte Wiese verteilt und sind dann noch infektiöser für die Pferde.

Ansteckung vermeiden

Kontaktsperren zu infizierten oder infektionsverdächtigen Pferden und Beständen sind ein wichtiges Mittel, um Epidemien zu verhindern. Beachtet werden sollte vor allem die Gefahr einer Keimverschleppung über Kleidung, Sattel- und Putzzeug, Tränk- und Futtereimer, Pferdetransporter oder andere Gegenstände. So ist etwa die nicht korrekt desinfizierte Box eines Drusepferdes nach Abklingen der Symptome noch sechs bis acht Wochen als infektiös für andere Pferde anzusehen. Kontaktsperren sollten bereits beim Verdacht auf eine Infektionskrankheit eingerichtet werden (s. S. 14).

Haltungsverbesserung

Die Unterbringung eines Pferdes bestimmt entscheidend mit über seine Infektionsanfälligkeit. Das optimal gefütterte und sinnvoll gearbeitete Pferd, das sein Immunsystem durch Haltung in einem Offenstall oder einer Außenbox mit natürlichen Temperaturwechseln trainieren kann, ist gegen viele Infektionserreger erheblich widerstandsfähiger als ein traditionell gehaltenes Stallpferd. Die Vorstellungen des Menschen von einer behaglichen Umgebungstemperatur sind nicht auf das Pferd übertragbar. Hohe Luftfeuchtigkeit im Stall, Schadgase wie Ammoniak und Schwefelwasserstoff, vor allem aber der pilzsporenhaltige Staub aus Heu und Stroh setzen die Abwehrkraft des Pferdes gegen Infektionen herab. Zudem behindern sie im Erkrankungsfalle die Ausheilung und sind oft der Auslöser für eine lebenslange Allergie, für chronischen Husten, reiterliche Unbrauchbarkeit und spätere Euthanasie.

Warum können Heu und Stroh für Pferde gefährlich sein?

Wir haben immer schon Arbeits- und Schulpferde gehabt und sie mit Heu und Stroh gefüttert – wieso soll sie das krank machen?

An der Mehrzahl der chronischen Hustenerkrankungen sind allergisierende Schimmelpilzsporen aus dem Heu und Stroh beteiligt, die mit bloßem Auge nicht sichtbar sind.
Wenn ein Pferd chronisch hustet, kann eine ursächliche Heilung nur dadurch erreicht werden, daß man das Pferd vor dem Staub aus dem Rauhfutter schützt. Gesunde Pferde sind durch den Heu- und Strohstaub vor allem dann gefährdet, wenn weitere belastende Faktoren wie ungünstige Haltungsbedingungen oder ein Virushusten hinzukommen; dann droht auch ihnen ein chronisch-allergischer Husten. Mehr zu diesem Thema finden Sie auf S. 63.

Chronische Hustenerkrankungen

Chronische Erkrankungen können ganz allgemein aus nicht ausgeheilten, verschleppten Akutkrankheiten entstehen, wenn die Infektion vom Körper nicht völlig besiegt wird.

Speziell bei den Hustenerkrankungen ist der Begriff chronisch aber inhaltlich überwiegend mit »langandauernd« verknüpft und ursächlich in ganz entscheidendem Maße auf die Haltung und die Unterbringung des Pferdes zurückzuführen.

Trotzdem wird in Reiterkreisen das Krankheitsproblem »Husten« vielfach nur mit Infektionen, Erkältungen, Zugluft oder kalten Ställen in Verbindung gebracht.

Die viel häufigere Hauptursache ist jedoch die Unterbringung der Pferde! Mit der artgerechten Haltung steht und fällt das Hustenproblem, denn Pferde versterben nicht an akutem Husten, sondern vielmehr auf Dauer an nicht ausgeheilten chronischen Lungenschäden.

Der Umgebung des Pferdes sollte man also, unabhängig von der genauen Haltungsform, höchste Aufmerksamkeit widmen.

Wann wird ein hustendes Pferd dämpfig?

Ich habe ein Pferd gekauft, das offenbar schon länger hustet. Ist das Tier nun »dämpfig«?

Dämpfigkeit kann auch aus Krankheiten des Herzens entstehen, meist ist aber ein chronischer Husten die Ursache. Für die Entwicklung bis zur Dämpfigkeit lassen sich keine genauen Werte nennen. Manchmal dauert es Jahre, oft nur Monate.

Dämpfigkeit ist überdies ein unscharfer Begriff, der die Unheilbarkeit des Krankheitsgeschehens umfaßt. Die meisten chronischen Hustenerkrankungen sind jedoch eine Allergie auf den pilzsporenhaltigen Staub aus Heu und Stroh und daher nur so lange unheilbar, wie das Pferd diesen Allergenen ausgesetzt ist. Wenn der Patient also möglichst bald so gehalten wird, daß er keinen Heustaub mehr einatmen muß, dann verschwinden die Hustensymptome überwiegend. Es ist aber schwer vorherzusagen, ob die Krankheit nicht doch schon überwiegend unheilbar war. Zum Weiterlesen: S. 87 f.

Ursachen

Die Ursachen für chronischen Husten liegen zum Großteil in den Haltungsbedingungen des Pferdes. Naturgemäß gehört dazu vor allem die Luft, die das Tier atmen muß, da diese sich in direktem Kontakt zu den Atmungsorganen befindet. Die Qualität der Atemluft ist von der Unterbringung abhängig, von Luftaustausch und Lüftung. Besonders wichtig ist auch das Verhältnis zwischen der täglichen Aufenthaltszeit im Stall und der freien Bewegung außerhalb desselben.

Staub

Staub wird definiert als »luftgetragene schwebfähige Partikel« und nach seiner Zusammensetzung in anorganischen und organischen Staub eingeteilt.

Häufige anorganische Luftstäube im Pferdebereich sind beispielsweise Sand- und Steinstaub, der in Reithallen, auf Außenplätzen und in heißen Sommern in Paddocks, Ausläufen und auf Feldwegen entsteht. Diese Stäube sind für Pferde nicht sehr problematisch. Sie bestehen aus großen Partikeln, deren Durchmesser über 5 μm (1 μm ist ein tausendstel Millimeter) liegt. Deshalb dringen sie nicht sehr weit in die Lunge ein und werden von den Flimmerhärchen der Bronchien überwiegend herausgefiltert. So können sie, außer bei häufiger und extrem starker Staubentwicklung, weniger Schaden anrichten. Gefährlich werden kann jedoch der Staub aus Reitbahnböden, wenn er neben Sand und Sägemehl auch Kunststoffabfälle und Lohe (zerfaserte Rückstände aus der Lederverarbeitung) enthält. Lohe kann aufgrund der Gerbereirückstände

Eine Allergie gegen Heustaub führt häufig zu chronischem Husten, Atemnot und späterer Tötung des Pferdes.

(Chromsalze) bei empfindlichen Pferden und Reitern heftige allergische Reaktionen an den Atmungsorganen und der Haut auslösen. Kunststoffabfälle setzen gelegentlich bei Erwärmung Chlorgas und Lösungsmittel frei.

Die im Pferdebereich häufig auftretenden anorganischen Stäube sind in ihrem Gefahrenpotential nicht mit Zement-, Silikat-, Asbest-, Kohle- und anderen Stäuben an kritischen menschlichen Arbeitsplätzen zu vergleichen.

Organische Stäube im Bereich der Pferdehaltung stammen überwiegend aus den Futtermitteln und der Einstreu, in geringerem Maße von der Oberfläche der Pferde und aus der natürlichen Umgebungsluft. Neben feinsten Pflanzenteilen, Pollen, Tierhaaren und Hautpartikeln sind vor allem die Vermehrungsstadien verschiedener Schimmelpilzarten und anderer Mikroorganismen wesentlich, die als Sporen bezeichnet werden. Sie sind im Heu und Stroh in reicher Menge enthalten, häufig aus den Gattungen *Mucor*, *Aspergillus* und *Alternaria*. Ihre Allergenität ist ausgesprochen hoch. Daher sind Schimmelpilzsporen die Hauptursache für chronischen Husten, Dämpfigkeit und damit den vorzeitigen Tod vieler Pferde. Pilze benötigen für ihr Wachstum neben Nahrung vor allem Feuchtigkeit und Wärme. Diese beiden Faktoren sind im Heu durch den Fermentationsprozeß bei der Heureifung gegeben, so daß Heu mehr Pilzsporen aufweist als Stroh. Außerdem wird Stroh überwiegend von anderen Pilzen besiedelt, die etwas weniger allergen sind.

Schimmelpilzsporen sind sehr klein, ihr Durchmesser liegt unter 5 μm. Daher dringen sie bis in die feinsten Endverzweigungen der Lunge ein. Außerdem verbleiben sie, etwa nach dem Aufschütteln von Heu, bis zu mehreren Stunden als Schwebstoffe in der Luft und werden auch bei jeder Bewegung des Pferdes in der Einstreu von neuem aufgewirbelt.

Der verantwortungsbewußte Pferdehalter wird äußerlich sichtbar verschimmeltes Heu und Stroh ohnehin nicht mehr benutzen. Doch leider enthält auch korrekt geerntetes, trocken eingebrachtes und sorgfältig gelagertes Heu, das äußerlich von bester Qualität zu sein scheint, immer noch Pilzsporen. Da der größte Teil der chronischen Huster unter einer Heustauballergie leidet, müssen die Tiere von Heu- und Strohstaub völlig getrennt werden, um sie gesunden zu lassen.

Industrielle Heuentstaubungsanlagen können m. E. zur Vorbeuge beitragen, wenn ein größerer Reitstall seinen Kunden optimale Fütterung bieten möchte. Ein Teil der gefährlichen Stäube wird durch die nicht gerade billigen Anlagen sicherlich zurückgehalten, für bereits allergisierte Pferde dürfte dies jedoch nicht ausreichen, um sie beschwerdefrei zu halten. Sie dürfen überhaupt nicht mehr mit den Auslösern der Allergie in Berührung kommen.

Schadgase

Das bekannteste Schadgas in der Stalluft ist Ammoniak (NH_3). Der von Pferdefreunden geliebte und als anheimelnd empfundene Pferdestallduft geht zu einem großen Teil auf dieses bereits in geringer Konzentration schleimhautreizende Giftgas zurück. Ammoniak schadet direkt und indirekt. Direkt durch eine Beschädigung der Atemwege über Schleimhautreizungen, die zum Leistungsverlust und zu Reizhusten führen. Indirekt scha-

> **Schädlich auch für Menschen: Stallmief**
>
> Grundsätzlich sollten neben der Pferdegesundheit auch die Belange der Menschen berücksichtigt werden, die die Tiere versorgen und sich dabei, besonders im gewerbsmäßigen Bereich, oft viele Stunden im Stall aufhalten. Hohe Konzentrationen von Ammoniak und besonders der sporenhaltige Staub aus Heu und Stroh können auch bei Menschen schwere Allergien auslösen. Bekannt ist das Krankheitsbild der »farmer's lung« (Farmerlunge), die zu asthmatischen Zuständen bis hin zur völligen Arbeitsunfähigkeit führt. Daß die Belastung der Atmungsorgane für ein ganztägig in diesem Stall untergebrachtes Pferd dramatisch sein muß, wenn die Menschen bereits nach acht Stunden krank werden, sollte leicht nachvollziehbar sein.

det er durch eine Schwächung der Immunabwehr und daraus resultierende erhöhte Anfälligkeit für Infektionskrankheiten, insbesondere bei der Anwesenheit weiterer Belastungsfaktoren. Die Infektionskrankheiten wiederum ziehen oft einen allergisch-chronischen Husten nach sich. Beides bringt Nutzungsausfall, Leistungsminderung und später den eventuellen Verlust des Pferdes.

Weniger bekannt ist Schwefelwasserstoff (H_2S), ein in höherer Konzentration faulig riechendes Gas mit ebenfalls schleimhautreizender Wirkung.

Beide Gase entstehen bei der Zersetzung von Kot und Urin. Dabei hat Schwefelwasserstoff in der Pferdehaltung aufgrund der im Vergleich zur Massentierhaltung von Nutztieren geringen Tierbesatzdichte keine allzu große Bedeutung. Dies gilt auch für andere schädliche Spurengase in der Stalluft.

Dem Entstehen von Ammoniak läßt sich sehr leicht vorbeugen: Eine saubere, täglich gewechselte Einstreu ist die wichtigste Maßnahme. Die sogenannte Matratze ist nicht mehr als ein Misthaufen in der Box. Bei Vernachlässigung ist sie feucht und kann daher nicht wärmen. Aber auch bei bester Pflege bietet sie allen Parasiten gute Entwicklungsmöglichkeiten.

Luftfeuchtigkeit

Die relative Luftfeuchte im Pferdestall sollte bei 60–75 % liegen. Dicht besetzte Ställe im Winter bei wenig Belüftung haben oft eine deutlich höhere Luftfeuchte. Das ist für Pferdelungen schädlich. Bei der Planung von Pferdehaltungsanlagen sollten auch die Geländeverhältnisse berücksichtigt werden: Feuchte Tallagen oder Nordhänge sind äußerst ungünstig. Leicht bilden sich hier Kaltluftseen, die den Luftaustausch zwischen Stall und Umgebung erschweren und für Kondensationsfeuchtigkeit sorgen, nicht zuletzt auch im Heuvorrat. Ideal sind dagegen windige, sonnige Höhen- oder Südhanglagen.

Leben Pferde ganzjährig draußen, so schwankt die Feuchtigkeit ihrer Atemluft auf natürliche Weise ganz erheblich. Der gesunde Organismus ist darauf jedoch eingestellt, wenn seine Regulationsmechanismen nicht durch die belastenden Faktoren der Stallhaltung, etwa Schadgase, Staub, hohen Infektionsdruck und Bewegungsmangel beeinträchtigt werden. Trotzdem husten lungenempfindliche Pferde unter feuchter Novemberwitterung auch bei Außenhaltung möglicherweise stärker.

Allgemeiner Luftkeimgehalt

Neben den Viren, Bakterien und Pilzen, die ganz spezifische Erkrankungen auslösen, etwa Influenza oder Druse, findet man in der Luft eines Pferdestalles weitere unspezifische Bakterien in großer Zahl. Sie geraten mit dem Kot der Pferde, aus dem Hufhorn und durch Futtermittel in den Stall oder den Atmungsbereich des Pferdes. Man muß davon ausgehen, daß ein hoher allgemeiner Keimbesatz das Immunsystem überlastet und die Atmungsorgane für verschiedene Erkrankungen anfällig macht. Je höher die Tierbesatzdichte ist und je geringer der Luftaustausch, um so höher ist der allgemeine Keimgehalt im Stall.

Hier sind auch solche Bakterien zu nennen, deren Zellwand für den Säugetierorganismus giftige Substanzen enthält, sogenannte Endotoxine. Diese Endotoxine werden frei, wenn die Bakterien absterben, etwa nachdem sie von den Abwehrzellen der Lunge aufgenommen wurden oder allgemeinen Kontakt zur Bronchialschleimhaut hatten. Das Toxin löst im Körper schwere allergische Reaktionen aus, die sich an der Lunge in Entzündungen und Atemnot äußern können.

Der Endotoxingehalt in der Luft von Nutztierställen ist bereits gut untersucht. Er wirkt sich nicht nur wachstumsmindernd auf die Tiere aus, sondern bewirkt auch bei den versorgenden Menschen allergisches Asthma. Messungen haben in Pferdeställen ergeben, daß auch hier Endotoxine vorhanden sind, deren Zahl in geschlossenen Ställen besonders hoch ist. Die Wirkung auf die Pferde ist noch nicht genau untersucht, man muß aber davon ausgehen, daß Lungenerkrankungen jeder Art Vorschub geleistet wird.

Industrielle Luftverunreinigungen

Direkte Schädigungen der Atmungsorgane sind bei Pferden – im Gegensatz zu Menschen und hier vor allem Kindern – durch industrielle Luftverunreinigungen in der Regel nicht zu erwarten. Einerseits stehen Pferde selten unmittelbar in Industriegebieten, andererseits sind sie insgesamt robuster als Menschen. Die Gefahr liegt eher darin, daß im Zuge der berechtigten Sorge vor industriellen Emissionen die für Pferde wirklich gefährlichen Schadfaktoren vergessen werden. Dennoch sind in Ballungsgebieten und bei Sommersmog gelegentlich Reizerscheinungen der Atemwege beobachtet worden, die möglicherweise auf industrielle Luftverunreinigungen zurückzuführen sind.

Haltungsfehler

Luftverunreinigungen sind die Hauptverursacher von chronischen Atemwegserkrankungen bei Pferden. Je sauberer und natürlicher in Feuchtigkeit und Temperatur die Atemluft ist, desto gesünder lebt das Pferd.

Trotzdem erübrigt sich an dieser Stelle die Erwähnung der erforderlichen Luftwechselraten für technische Lüftungsanlagen. Solche Verfahren werden in der Intensivhaltung von Nutztieren angewendet, um die Besatzdichte in den Ställen auf Kosten der Tiere exzessiv zu steigern. Es kann jedoch nicht das Ziel einer artgerechten und langfristig gesunden Pferdehaltung sein, das geöffnete Fenster oder die offene Halbtür durch Lüftungsanlagen zu ersetzen, auch wenn dies leider oft praktiziert wird. Von nachweisbaren gesundheitlichen Schäden abgesehen, entgeht den Pferden so auch der für ihr seelisches Wohlbefinden und ein ausgeglichenes Temperament unbedingt erforderliche Umweltkontakt.

Die aus lufthygienischen Aspekten ideale Offenstallhaltung in Gruppen auf Weiden oder Paddocks kann bei intensiver Nutzung der Tiere, besonders im Winter, durch Konditionsprobleme und bei langem Winterfell durch Schwitzen mit Verkühlungsgefahr schwierig sein. Ein praktikabler Kompromiß besteht in einer offenen Box mit anschließendem kleinen Paddock oder Auslauf. Hier kann das Pferd bei Bedarf zeitweise auch in seine Box gesperrt werden.

Eine solche Haltung bietet nicht nur gute Luft, sondern auch Bewegungsanreize, Informationen aus der Umgebung und Sozialkontakte und schafft damit ausgeglichene Pferde.

Bewegungsmangel

Bewegung bedeutet Leben, in körperlicher, geistiger und seelischer Hinsicht. In besonderem Maße gilt dieser Grundsatz für das hochentwickelte Lauftier Pferd.

Körperliches Training schafft nicht nur Kondition, Muskulatur, Immunstimulierung und seelische Balance; Bewegung ist das Lebensprinzip des Pferdes. Wie kaum eine andere Erkrankung verknüpft der Husten, der chronische zumal, eine nicht artgerechte Haltung mit direkten Leistungseinbußen des Pferdes. Die Häufigkeit der Hustenerkrankungen in einem Bestand kann nahezu als Maßstab für die Qualität der Unterbringung dienen.

Die Pferdelunge ist ein hochspezialisiertes Organ, das regelmäßig gefordert werden muß. Nur durch Bewegung wird das Gewebe bis in die Lungenspitzen hinein beatmet und durchblutet. Die Abwehrlage verbessert sich, und vor allem werden kleinere Schleimansammlungen abtransportiert.

Bewegung sollte für ein Pferd nicht nur aus Reiten und Fahren bestehen. Es sind die vielen kleinen täglichen Ortswechsel, das Spielen mit Artgenossen, das Toben auf der Weide, verteilt über den ganzen Tag, die für das Pferd bedeutsam sind.

Gute Gruppenhaltungssysteme lassen die Tiere sogar möglichst oft zwischen Freßplatz, Ruhezone und Wasser pendeln. Das alles kann nicht durch zwei Stunden Reiten pro Tag ersetzt werden.

Pollenallergien

In einigen Gegenden der USA wurden vermehrt Pferde beobachtet, die bei Weidegang im Frühsommer an Husten mit Atemstörungen, Nasenausfluß und Bronchospasmen erkrankten. Man gab der Krankheit den Namen »Summer pasture-associated obstructive pulmonary disease«, da sich die Symptome bei Aufstallung besserten. Als Ursache konnten Blütenpollen sowie einige seltene Schimmelpilze, die in diesen Regionen auf dem Weideland zu finden sind, ausgemacht werden. Damit ist die Krankheit mit der menschlichen Pollenallergie »Heuschnupfen« vergleichbar. In England wurden solche Reaktionen in Gegenden mit intensivem Rapsanbau zur Blütezeit beobachtet. Auch in Deutschland gibt es verschiedene Berichte sommerlicher Pollenallergien bei Pferden. Sie treten naturgemäß zumeist im Mai und Juni auf, können allerdings auch im Winter durch die Verfütterung von Heu ausgelöst werden, das in der Blüte gemäht wurde und damit Pollen enthält.

Pollenallergiker sind daran zu erkennen, daß sich ihre Hustensymptomatik auf der Weide ohne jegliches Heu und Stroh nicht bessert, wohl aber in einem luftigen Stall mit sauberer Einstreu. Es ist recht schwierig, Pollenallergiker von jenen Patienten zu unterscheiden, deren Husten auf der Weide erst einige Zeit zur Ausheilung benötigt. Man kann sich daran orientieren, daß echte Pollenallergien recht selten und damit viel unwahrscheinlicher sind.

Handelt es sich aber tatsächlich um eine Pollenallergie, dann empfiehlt es sich, die Pferde tagsüber in Ställen mit geringer Tierbesatzdichte unterzubringen und versuchsweise nachts ins Freie zu lassen.

Trotzdem bleibt zu berücksichtigen, daß solche Fälle sehr selten sind und für 99 % aller Pferde der Schritt in den Offenstall ein Schritt in die Gesundheit ist.

Behandlung

Bei der Untersuchung des chronischen Husters wird der Tierarzt zunächst Erkrankungen des Kehlkopfes, des Herzens, der Brust- und Bauchhöhle sowie akute virale und bakterielle Atemwegserkrankungen diagnostisch ausschließen. Wenn Lunge und Bronchien als betroffenes Organ eindeutig bestimmt sind, greift er im wesentlichen auf die Medikamente zurück, die auch für akute Hustenerkrankungen (s. S. 33 ff.) eingesetzt werden, allerdings mit anderer Gewichtung.

Antibiotika

Sie sind nur dann sinnvoll, wenn chronischer Husten durch eine verschleppte bakterielle Infektion verursacht wird oder zur Zeit eine solche zusätzlich eingetreten ist. Die Pferde haben dann meist gelblichen Nasenausfluß und häufige Fieberschübe. Die antibiotische Therapie muß in jedem Fall über mehrere Tage erfolgen, um zu verhindern, daß Bakterien resistent werden und das Medikament keine Wirkung mehr zeigt. In manchen Fällen wird der Tierarzt das Antibiotikum auch begleitend zur Kortikoidanwendung einsetzen müssen.

Krampflösende Medikamente

Je länger eine Hustenerkrankung besteht, desto höher ist im allgemeinen die allergische Komponente. Bei vielen allergischen Hustern liegt eine dauerhafte Engstellung der Atemwege durch Krämpfe (Spasmen) in der Muskulatur der Bronchiolen vor. Diese bewirkt nicht nur ein subjektives Gefühl der Atemnot, welches an sich für den Patienten bereits qualvoll ist. Zusätzlich entsteht im Bereich der Bronchiolen eine Ventilwirkung, die die Alveolen in großem Ausmaß zerstören und die Lunge damit irreversibel schädigen kann. Bronchospasmolytika können dazu beitragen, diesen Zustand zu verbessern, indem sie den Krampf der Muskulatur lösen. Die verengten Bronchien weiten sich, die Luft kann wieder frei strömen und eventueller Schleim leichter abfließen. Viele Pferde sprechen auf Bronchospasmolytika aber nicht oder nur unvollständig an.

Schleimlösende Medikamente

Gerade chronische Hustenpatienten leiden unter zähem, festsitzendem Bronchialschleim. Expektorantien (Sekretolytika) beschleunigen dessen Verflüssigung und den Abtransport durch die Flimmerhärchen und, wenn diese bereits geschädigt sind, durch Abhusten. Verbleibt der Schleim hingegen in der Lunge, behindert er nicht nur die Atmung und zerstört weitere Flimmerhärchen, sondern stellt einen ständigen Nährboden für Bakterien dar. Als Expektorantien sind auch hochwertige Hustenkräutermischungen geeignet, wenn sie über etwa vier bis sechs Wochen verabreicht werden.

Kortison und verwandte Stoffe

Während Kortikoide bei akuten Hustenerkrankungen seltener erforderlich sind, ist ihr Einsatz für den chronischen Hustenpatienten häufig lebensrettend. Solche Pferde sind oft Allergiker und neigen zu krampfartigen Daueranspannungen der Bronchiolenmuskulatur (Bronchialspasmen) mit deutlicher Behinderung der Atmung. Dadurch entsteht häufig eine vorübergehende Aufblähung des Lungengewebes, die bei längerem Bestehen in ein unheilbares Emphysem übergehen kann (s. S. 66 f.). Für den Patienten ist es daher überlebenswichtig, daß dieser Zustand möglichst schnell gebessert wird. Aufgrund ihrer entzündungs-

Die Spritze allein bringt dem chronischen Hustenpferd auf Dauer keine Hilfe. Es muß aus der schlechten Luft des geschlossenen Stalles gebracht werden.

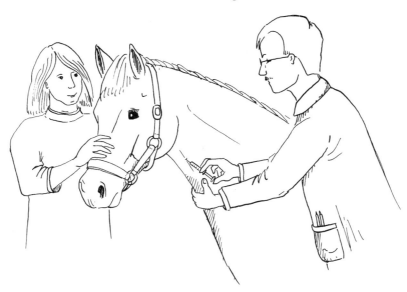

> **Schnelle Hilfe tut not**
>
> Einen Patienten mit asthmatischer Atmung einfach stehenzulassen oder nur homöopathisch zu behandeln ist Tierquälerei. Die Wirkung der nötigen Therapie muß schnell und sicher einsetzen.

hemmenden, abschwellenden und antiallergischen Wirkung sind Kortikoide dafür das Mittel der Wahl, vor allem bei ungenügender Wirkung der Bronchospasmolytika. Nur so können Lungenbläschen gerettet werden, die sonst unwiderruflich zerstört würden. In dieser Situation geht es um das Leben des Pferdes. Die Nebenwirkungen einer genau dosierten und zeitlich begrenzten Therapie mit mittellangwirkenden Kortikoiden sind verschwindend gering im Vergleich zu den Schäden, die durch eine Emphysembildung entstehen.

Zudem leiden gerade Pferde in einem fortgeschrittenen Stadium chronischen Hustens häufig unter Atemnot. Dieser Zustand ist ausgesprochen qualvoll, wie jeder asthmakranke Mensch leicht bestätigen wird. Andererseits ist es von entscheidender Wichtigkeit, sich nicht nur auf die Wirkung des Kortikoids zu verlassen. Dieser Weg ist auf Dauer eine Sackgasse, denn er ändert nichts an den Ursachen des allergischen Hustens. Die Symptome werden zeitweise zurückgedrängt, der Krankheitsprozeß aber wird nur unwesentlich aufgehalten.

Lungenspülung

Eine bei chronischen Hustenpferden gelegentlich angewandte Behandlung wird umgangssprachlich als Lungenspülung oder Lungenwäsche bezeichnet. Der Ausdruck ist mißverständlich, da natürlich keine Flüssigkeiten direkt in die Lunge eingeschüttet werden. Die richtige Bezeichnung lautet *Hyperinfusionstherapie* und erklärt die Grundlagen besser: Dem Patienten wird in kurzer Zeit mehr Wasser über eine Vene verabreicht, als die Nieren ausscheiden können. Der relative Überschuß führt zu einer Absonderung von Wasser über die Lungenschleimhaut und verflüssigt damit den vorhandenen zähen Schleim. Die Behandlung wird in der Regel an mehreren aufeinanderfolgenden Tagen wiederholt. Danach hustet das Pferd verstärkt ab, der Atmungsapparat wird vom Schleim befreit, die Atmung erleichtert.

Die erhoffte positive Wirkung auf die chronische Hustenerkrankung kann natürlich nur dann eintreten, wenn auch tatsächlich eine hochgradige zähe Verschleimung vorlag und diese durch eine Veren-

Rechts oben: Der Heuaufbereiter der Firma Balsiger bindet den Staub zuverlässig durch Wasserdampf.
Links unten: Der Heutauchwagen der Firma Werner erleichtert die Verfütterung von Naßheu erheblich.
Rechts unten: Auch bei frostigem Wetter kann man Heu naß füttern, wenn die Pferde daran gewöhnt sind. Auf der Weide fressen sie auch gefrorenes Wintergras.

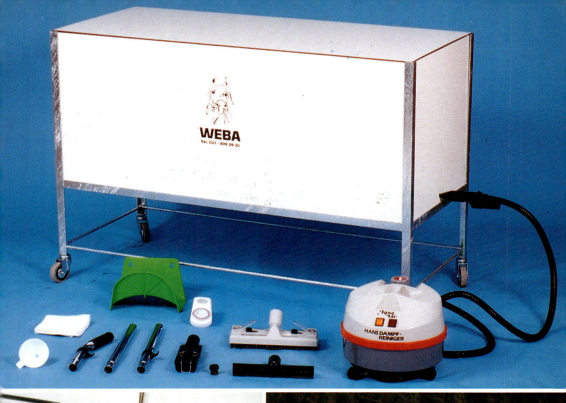

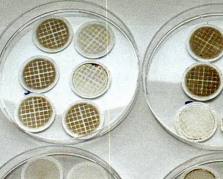

Phase 4 (Pferdeklinik)
I.O.M.-Box
0.76 mg   0.35 mg
0.79 mg   0.70 mg
1.13 mg   0.79 mg

Phase 4 (Pferdeklinik)
I.O.M.-Pferd
1.67 mg   1.51 mg
1.78 mg   2.20 mg
(0.55)   2.62 mg

Phase 4 (Pferdeklinik)
Zyklon-Box
0.41 mg   0.35 mg
0.35 mg   0.50 mg
0.75 mg   0.24 mg

Phase 4 (Pferdeklinik)
Zyklon-Pferd
0.79 mg   0.77 mg
0.75 mg   1.36 mg
1.47 mg   0.88 mg

Phase 2 (staubarm)
I.O.M.-Box
0.42 mg   0.44 mg
0.25 mg   0.23 mg
0.37 mg   0.18 mg

Phase 2 (staubarm)
I.O.M.-Pferd
1.24 mg   0.81 mg
0.77 mg   0.62 mg
1.28 mg   0.67 mg

Phase 2 (staubarm)
Zyklon-Box
0.57 mg   0.36 mg
0.35 mg   0.15 mg
0.18 mg   0.22 mg

Phase 2 (staubarm)
Zyklon-Pferd
0.49 mg   0.40 mg
0.29 mg   0.09 mg
0.11 mg   0.25 mg

gung der Atemwege die Hauptursache für den Husten und die Atemstörungen bildete. Gerade chronische Hustenpatienten sind aber überwiegend Allergiker, deren Symptome von Bronchospasmen verursacht werden und oft mit einer nur geringen Verschleimung einhergehen. Die Lungenspülung kann diesen Tieren keine deutliche Erleichterung bringen. Erschwerend kommt hinzu, daß die Symptome bei der späteren Unterbringung im alten Stall schnell wieder zurückkehren, denn die Allergene als eigentliche Ursache wurden nicht beseitigt. Wird diese Trennung von den Allergenen hingegen sofort vorgenommen, erübrigt sich die nicht ganz risikolose Infusionstherapie in den meisten Fällen ohnehin.

Die Risiken bestehen vor allem in der infusionsbedingten Steigerung des Blutdrucks, die zu Kreislaufstörungen bis zum Kollaps führen kann. Überdies sind gerade bei chronisch-allergischen Hustenpferden bereits Veränderungen im atmungsaktiven Lungengewebe zu erwarten, die durch die erstrebte Überwässerung des Gewebes leicht Anlaß für schwerwiegende Atmungsstörungen geben. Zur Minderung des Risikos wird die Flüssigkeit gelegentlich auch mit einer Sonde in den Magen anstatt über eine Kanüle in die Vene verabreicht. Die Wirksamkeit dieser Variante ist nicht eindeutig geklärt.

Links oben: Versuche haben es gezeigt: Die Luft geschlossener Ställe mit Stroheinstreu und Verfütterung von trockenem Heu enthält sehr viel Staub.
Unten: Staubarme Haltung in einer Außenbox mit Hobelspaneinstreu und Verfütterung von Naßheu vermindert den Staubgehalt der Atemluft deutlich.

Ein Hauttest kann zeigen, auf welche Stoffe das Pferd allergisch reagiert.

Allergietests und Desensibilisierung

Die Allergiebereitschaft eines Pferdes läßt sich unter Praxisbedingungen vor allem auf zwei Wegen ermitteln. Bei einem Hauttest werden dem Pferd kleinste Dosen isolierter Allergene, etwa einzelner Schimmelpilzarten, in die Haut injiziert. In Abhängigkeit von der Allergenität bilden sich unterschiedlich große reaktive Quaddeln in der Haut, deren Zahl und Durchmesser mehrfach gemessen wird. Bei einem anderen Verfahren werden die vom Körper gegen die Allergene gebildeten und teilweise frei im Blut zirkulierenden Antikörper genutzt. Aus einer Blutprobe isoliert, reagieren diese mit antigen vorgefertigten und präparierten allergisierenden Stoffen.

Beide Verfahren sind praktikabel und werden auch in geringem Umfang angewendet. Der diagnostische Wert dieser Untersuchungen ist besonders bei Allergien gegen bestimmte Futtermittel, gegen Medikamente oder Schadstoffe aus Stallbaumaterialien, Reitbahneinstreu und Pflegemitteln hoch, für chronische Huster jedoch nur eingeschränkt zu sehen. Der Grund liegt in der Vielzahl der möglichen allergenen Luftinhaltsstoffe. Man kann nur auf solche Allergene testen, die bekannt und näher einzugrenzen sind.

Auch ist eine antigene Testreaktion nicht unbedingt mit der allergischen Reaktion des lebenden Tieres in Einklang zu bringen: Das Pferd kann zwar Antikörper gegen Pilzsporen bestimmter Gattungen haben, die Allergiebereitschaft gegen dieses spezielle Antigen ist aber so gering, daß die normalen Konzentrationen in der Atemluft keine gesundheitliche Beeinträchtigung bewirken.

Die folgerichtige therapeutische Entscheidung nach der Allergendiagnose ist die Desensibilisierung. Bei menschlichen Allergikern wird sie häufig eingesetzt, die Erfolge sind aber für die Lebenspraxis des Patienten insgesamt oft unbefriedigend, insbesondere in Relation zu dem erheblichen Behandlungsaufwand über Monate und Jahre: Eine vollständige Heilung oder doch deutliche Besserung erreicht nur ein Teil der Patienten, bei anderen wird nur eine geringe Reduzierung der Symptome erreicht. Bei Pferden wurden Desensibilisierungen bereits erprobt, die Erfolge waren jedoch auf lange Sicht ebenfalls nur mittelmäßig, gemessen an dem Aufwand der Behandlung. Zunächst werden von den ermittelten Allergenen hochverdünnte Lösungen hergestellt und dem Pferd injiziert, deren Konzentration deutlich unterhalb der Allergieschwelle für diesen Stoff und diesen Patienten liegen muß und daher keine Beschwerden verursacht. Dann wird die Allergenkonzentration der Injektionslösungen in kleinsten Schritten erhöht und das Immunsystem auf diese Weise durch schleichende Gewöhnung überlistet. Am Ende steht idealerweise die völlige Verträglichkeit des ehemaligen Antigens und damit eine echte Heilung von der Allergie. Die Desensibilisierung muß über Monate, oft Jahre mit wöchentlichen Injektionen durchgeführt werden und stellt für alle Beteiligten eine Belastung dar.

So erscheint es praxisgerechter, billiger und vor allem deutlich erfolgsträchtiger im Sinne der Pferde, die Allergie durch weitgehende Ausschaltung der Allergene zu bekämpfen. Dieses ganzheitliche Prinzip der Haltungsänderung verbessert auch die Gesamtkondition des Tieres und trägt zu seinem seelischen Wohlbefinden bei.

Naturheilverfahren

Prinzipiell sind chronische Erkrankungen das Hauptindikationsgebiet der Naturheilverfahren und insbesondere der klassischen Homöopathie. Wie für die konventionellen Medikamente gilt aber auch hier:

Die beste Therapie ist die Haltungsumstellung.

Außerdem stellt sich ein der Behandlung des akuten Hustens sehr ähnliches Problem: Es besteht oft eiliger Handlungsbedarf. Chronisch-allergisch hustende Pferde sind nicht selten bereits in einem asthmatischen Stadium, bei jedem Atemzug gehen Lungenbläschen unwi-

S. 57 links: Huflattich löst den zähen Hustenschleim auf natürliche Weise.

Hilft Inhalieren bei chronischem Husten?

Eine Freundin läßt ihr Hustenpferd regelmäßig inhalieren. Meine Stute dagegen wurde medikamentös behandelt, und der Tierarzt sagte, Inhalieren helfe nicht. Was ist denn nun richtig?

Inhalieren kann als unterstützende Maßnahme hilfreich sein, wenn der Sitz der Erkrankung im Bereich der oberen Atmungsorgane liegt. Hier kann der Wasserdampf mit den ätherischen Zusätzen seine Heilwirkung entfalten. Allerdings sollte mindestens dreimal täglich 20 bis 30 Minuten über eine Woche inhaliert werden. Sitzt der Krankheitsherd jedoch in der Lunge selbst, kann man keine Wirkung erwarten. Denn hierhin dringen nur sehr kleine Partikel vor, die höchstens 5 µm im Durchmesser haben. Der normale Wasserdampf aus einem Inhaliertopf besteht aber aus größeren Tröpfchen und dringt daher nicht an den Ort des Geschehens. Das ist nur mit einem Inhalationsgerät auf Ultraschallbasis möglich, das winzigste Tröpfchen freisetzt. Zum Weiterlesen: S. 37

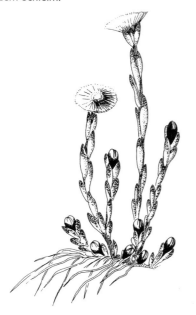

Rechts: Spitzwegerich beruhigt die Atemwege und erleichtert das Abhusten von festsitzendem Schleim.

derruflich zugrunde, die Lungenfunktion verschlechtert sich kontinuierlich.

Man kann der Homöopathie für chronische Lahmheiten zu Recht längere Behandlungszeiträume zugestehen – bei Hustenpferden kann keine wochenlange »Entgiftung« oder ähnliche Schlagworttherapie abgewartet werden. Vielmehr muß der Patient umgehend in eine staubarme Haltung, oder es müssen vorübergehend massivste Therapien mit Bronchospasmolytika und Kortikoiden stattfinden. Dazu besteht keine Alternative, die nicht das Leben und die Verwendbarkeit des Pferdes gefährdet.

Enge therapeutische Grenzen setzt auch die für viele Hustenpferde quälende Atemnot, zu deren umgehender Behebung oder Besserung keine homöopathische Arznei existiert.

Der Weideversuch

Im Gegensatz zum Pathologen kann der praktizierende Tierarzt und auch der Reiter nicht in das Pferd hineinsehen. Mit der Diagnose »Dämpfigkeit« sollte man daher sehr vorsichtig sein, beschreibt diese doch einen nicht mehr umkehrbaren Endpunkt des chronischen Hustens, bei dem das Pferd aufgegeben werden muß. Die praktische Erfahrung zeigt aber, daß viele dieser angeblich unheilbar kranken Patienten durch eine konsequent staubarme Haltung gerettet werden konnten. So wurden etwa einige sehr erfolgreiche Distanzpferde, die von ihren Vorbesitzern wegen angeblicher Dämpfigkeit geschlachtet werden sollten, auf diese Weise nicht nur gerettet, sondern gingen danach sogar wieder Hundertmeiler. In anderen Fällen werden die betroffenen Pferde möglicherweise nicht mehr für den Leistungssport geeignet sein, aber vielleicht unter geringeren Anforderungen als Freizeitpferde noch viele Jahre gesund leben und geritten werden können.

Die beste Probe auf die Wirkung der staubarmen Haltung und zugleich bei schwer erkrankten Pferden die letzte Notbremse vor der Tötung ist folgendes Vorgehen:

Das Tier wird zu Beginn des Sommers auf eine Wiese gestellt, nach Möglichkeit

---

Warum husten Pferde trotz ausgiebigen Weideganges?

Unsere Pferde stehen jeden Tag mindestens 10 Stunden auf der Weide, und trotzdem hustet der alte Wallach. Was können wir noch tun?

Liegt eine Allergie gegen Staub aus Heu und Stroh vor, so genügt schon eine geringe Kontaktzeit zu diesen Allergenen, um die Hustenreaktion dauerhaft zu unterhalten. Erst wenn das Pferd völlig und auf Dauer von den Sporen aus Heu und Stroh isoliert wird, bildet sich die Krankheit zurück. Sie tritt erneut auf, wenn ein weiterer Kontakt mit Heu oder Stroh stattfindet. Weidegang ist eine wichtige Unterstützungsmaßnahme bei chronischem Husten, entscheidend ist jedoch meist das Fernhalten des Pferdes von Heu und Stroh. Zum Weiterlesen: S. 59

mit einem Artgenossen. Natürlich muß die Gewöhnung an das Weidegras, besonders bei Stallpferden, langsam erfolgen, um schweren Koliken und anhaltendem Durchfall vorzubeugen. Das Tier bekommt nur Gras und Wasser, im Bedarfsfalle Mineralfutter oder naß verfüttertes Kraftfutter, nicht aber Heu oder Stroh. Ein Unterstand muß bei nassem Wetter und empfindlichen Großpferden vorhanden sein; er darf jedoch nicht eingestreut sein. Im Sommer kann sich jedes Pferd behelfsweise für die Tiefschlafphasen ins Gras legen.

Oft ist bereits nach wenigen Wochen auch bei zuvor schwer erkrankten Tieren eine deutliche Besserung der Symptome zu beobachten. Die Patienten heilen allmählich aus und können in Abhängigkeit von Kondition und Atmungsvermögen unter tierärztlichen Kontrolluntersuchungen bereits wieder bewegt werden. Wenn sie bis zum Ende der Weideperiode genesen sind, dürfen sie natürlich nicht wieder in das alte Stallmilieu zurück, denn ein Rückfall würde dann in kürzester Zeit erfolgen. Vielmehr muß das Tier von nun an bei staubarmer Haltung in einer Außenbox oder einem Offenstall leben und hat dann die besten Chancen für eine ganz normale Nutzung.

Dieser Weideversuch sollte in jedem angeblich hoffnungslosen Fall unternommen werden, bevor das Tier abgegeben oder gar getötet wird. Es sind zahlreiche erfolgsträchtige Unternehmen dieser Art dokumentiert. Einige Einschränkungen: Ist das Pferd im Allgemeinbefinden stark gestört, insbesondere mit asthmatischer Atmung, muß es gleichzeitig massiv behandelt werden und ist natürlich zu euthanasieren, wenn sich der Zustand nicht schnell ändert.

Haltung und Fütterung

Eine Haltungsänderung für Hustenpferde muß die Lufthygiene deutlich verbessern und vordringlich eine weitgehende Isolierung der Tiere von Staub aus Heu und Stroh erreichen. Nur so hat das Pferd auf Dauer eine Chance, seinen chronischen Husten zu bewältigen. Diese Haltung muß in der Regel lebenslang beibehalten werden. Eine Rückkehr in den Staub, die schlechte Luft und den geschlossenen Stall bedeutet zumeist auch einen Rückfall in den Husten.

Ohne dauerhafte Vermeidung von Staub wird die Krankheit immer schlimmer, das Ende der Nutzbarkeit und meist auch des Patientenlebens ist absehbar.

Die empfohlenen Veränderungen (dazu ausführlicher: S. 86 ff.) bedeuten mit Sicherheit einige Mehrarbeit. Es gibt dazu aber keine sinnvolle Alternative, will man nicht den Verlust des Pferdes in Kauf nehmen. Mit guter Organisation und einigen technischen Hilfen läßt sich der Arbeitsaufwand in Grenzen halten.

Aufgrund der besseren Luft und der leichteren Luftraumtrennung empfiehlt sich die Umstellung des Allergikers in eine Außenbox, Paddockbox oder einen Offenstall.

Die mit Abstand wichtigste und erfolgreichste Maßnahme besteht darin, jegliches Rauhfutter vor der Verfütterung ganz in Wasser zu tauchen, um den enthaltenen Staub zu binden. Ist die nasse Verfütterung von Heu und Stroh nicht praktikabel oder nicht erwünscht, kann alternatives Rauhfutter zum Einsatz kommen. Auch Hafer, Pellets und andere Krippenfutter sollten mit Wasser angefeuchtet werden.

> **Wie lange muß man Heu einweichen?**
>
> *Ich möchte nasses Rauhfutter an mein Pferd verfüttern, weil es chronisch hustet. Muß ich das Heu dazu lange in Wasser legen oder reicht schon ein Überspülen mit dem Schlauch?*
>
> Beim Heutauchen muß lediglich gewährleistet sein, daß die gesamte Portion völlig durchnäßt wird, damit der Staub gebunden ist und nicht mehr eingeatmet werden kann. Die Pilzsporen müssen hingegen nicht ausgewaschen werden, da sie in den Mengen, die in gutem Pferdeheu enthalten sind, im Magen und Darm keine Schäden anrichten.
> Es reicht bei den meisten Pferden nicht aus, das Heu (und das Futterstroh) nur mit Wasser, etwa aus der Gießkanne, zu benetzen. Die sicherste Methode besteht im vollständigen Untertauchen des Heus in einer Wasserwanne. Bei losem Heu reichen wenige Minuten. Taucht man einen ganzen Ballen, sind in der Praxis etwa 15 bis 30 Minuten zu veranschlagen. Entscheidend ist, daß nach dem Öffnen des Ballens kein Hälmchen mehr trocken geblieben ist. Zum Weiterlesen: S. 74 ff.

Stroh muß als Einstreu durch staubarme Alternativen ersetzt werden. Es bieten sich unter anderem Hobelspäne, Papierschnitzel und Hanffaserprodukte an.

Diese Haltungsänderungen können natürlich nur dann Erfolg haben, wenn der Staub aus den Nachbarboxen nicht in den Atmungsbereich der hustenkranken Pferde gelangt. Die Lufträume müssen daher weitgehend getrennt werden.

Alle Maßnahmen müssen ganz konsequent durchgeführt werden. Auch bei Zeitmangel, auf Turnieren oder bei der Versorgung der Tiere durch fremde Personen darf keine Unterbrechung der staubarmen Fütterung entstehen!

Vorbeuge

Um chronischen Hustenerkrankungen gezielt vorzubeugen, sind zwei Aktionsfelder zu unterscheiden.

1. Akuten Husten vermeiden

Akute und zumeist infektionsbedingte Hustenerkrankungen sind oft Wegbereiter für chronische Hustenkrankheiten. Es gilt daher, akuten Husten durch prophylaktische Maßnahmen weitgehend zu vermeiden und im Erkrankungsfalle intensiv zu therapieren.

In diesem Zusammenhang stellt sich auch die Frage nach der Impffähigkeit eines chronischen Hustenpferdes. Besonders für solche Patienten sollten zuzügliche Belastungen durch akute Virusinfektionen vermieden werden. Daher ist eine Impfung grundsätzlich wichtig und erforderlich. Andererseits kann aber nur ein gesundes und kräftiges Pferd die Impfung durch die Bildung von Antikörpern wirkungsvoll machen.

Liegt also zur Zeit keine akute Infektion irgendeiner Art vor, welcher Umstand immer durch eine Messung der Körperinnentemperatur auszuschließen ist, darf auch ein chronisches Hustenpferd geimpft werden, sofern es von gutem Allgemeinbefinden ist. Sind die Patienten jedoch im Allgemeinbefinden gestört, mit hochfrequenter, erschwerter oder asthmatischer Atmung, so sollte man zunächst durch intensive Behandlung und eine Haltungsänderung die Grundkondition verbessern und erst dann impfen.

2. Haltung verbessern

Die als wesentliche halterische Begleitmaßnahme eines akuten Hustens empfohlene vorübergehende staubarme und besonders luftige Haltung gilt prinzipiell auch für bislang gänzlich hustenfreie Pferde. Für diese sind die Maßnahmen natürlich nicht in vollem Umfang erforderlich. Dennoch sollte man versuchen, sich idealen Luft- und Unterbringungsverhältnissen zu nähern. Die offene Einzelbox mit Halbtür ins Freie oder eine Box-und-Paddock-Haltung ist dafür geeignet (s. S. 90 ff). Diesen Systemen ist immer der Vorzug zu geben gegenüber der Haltung in geschlossenen Stallgebäuden. Sie sorgen für einen erheblich höheren Luftaustausch und damit automatisch für eine deutliche Verdünnung aller eventuellen Luftschadstoffe. Außerdem verbessert sich die Immunkraft des Organismus, wenn die Temperatur im Stall oder der Box den Schwankungen der Außentemperatur in abgemilderter Form folgt. Damit sind bereits wesentliche Vorbeugemaßnahmen ergriffen worden.

Überdies ist es selbstverständlich, daß kein bereits äußerlich erkennbar verschimmeltes Heu und Stroh benutzt wird, sondern immer Produkte guter Qualität. Ist man zeitweise auf die Verfütterung grenzwertigen Heues angewiesen, sollte dieses im Zweifelsfall unbedingt naß gegeben werden. Wichtig ist selbstverständlich auch die umgehende Untersuchung solcher Pferde, die erstmalig Hustensymptome zeigen, um einer Verschleppung erst gar keinen Raum zu bieten. Ideal wäre es, solche Tiere bis zur genauen Ursachenklärung auf Verdacht bereits staubarm zu halten, zumindest aber mit Naßheu zu füttern. Auch dies ist bei offenen Einzelboxen leichter zu organisieren als in geschlossenen Stallgebäuden, bei denen der Staub aus den Nachbarboxen auf das erkrankte Pferd einwirkt.

Zusammenhang zwischen akutem und chronischem Husten

Die unterschiedlichen Hustenformen und ihre Ursachen sind nicht isoliert für sich zu betrachten, sondern haben eine Wechselwirkung. Schlechte Stalluft und mangelnde Bewegung sind Wegbereiter für Infektionskrankheiten, und umgekehrt wird ein akuter Husten bei guten Haltungsbedingungen viel schneller und vor allem ohne Folgeerkrankungen ausheilen. Husten ist eine Faktorenkrankheit, er tritt besonders dann auf, wenn verschiedene belastende Umstände für ein Pferd zusammenkommen. Infektionen sind in ihrem Auftreten schwerer zu kontrollieren. Sie bedürfen gezielter Prophylaxe sowie sofortiger tierärztlicher Untersuchung und Therapie im Erkrankungsfalle. Anders verhält es sich mit den Haltungsfaktoren:

Haltungsform, Stallklima, Luftqualität und Bewegung kann der Tierhalter selbst steuern und auf diesem Wege vielen Erkrankungen vorbeugen.

Werden Pferde unter lufthygienisch guten Bedingungen gehalten, regelmäßig geimpft, sorgfältig gefüttert und entwurmt sowie ausreichend bewegt, dann heilt ein akuter infektiöser Husten in der Regel schnell und ohne Folgeerkrankungen aus.

Wie kann man Husten mit Naturheilmitteln heilen?

Uns besucht regelmäßig eine Tierheilpraktikerin, die jetzt mein hustendes Pferd behandeln soll. Ist das sinnvoll?

Hustenerkrankungen sollte durch eine luftige, pferdegerechte Haltungsform und durch Vorsorgemaßnahmen wie Impfungen, Wurmkuren und eine vielseitige vitaminreiche Fütterung vorgebeugt werden. Im Erkrankungsfalle liegen in der Regel aber sehr schwere Störungen am Atmungsapparat vor, die in der akuten Phase auch massiv bekämpft werden müssen, wofür sich Naturheilmittel nur unterstützend, aber nicht alternativ eignen. In der Übergangsphase zu einer gesunden, staubfreien Haltung können Naturheilmittel, z.B. Hustenkräuter, den Heilungsprozeß sinnvoll unterstützen. Ziel ist es aber, das Pferd auf Dauer ohne jeglichen Medikamenteneinsatz gesund zu erhalten. Zum Weiterlesen: S. 38, 56

Während einer solchen Infektion der Atemwege sind die entzündeten, geschwollenen Schleimhäute der Lunge für Partikel aus der Atemluft besonders sensibel, da sie mit vielen Immunzellen durchsetzt sind. Dann können ganz normale Luftinhaltsstoffe als Allergene »mißverstanden« werden. Dies geschieht besonders oft bei den Sporen (Vermehrungsformen) von Schimmelpilzen. Aufgrund ihrer geringen Größe von unter 5 μm (1 μm ist ein tausendstel Millimeter) dringen sie weit in die Lunge ein und sind in der Luft sehr lange schwebefähig. Schüttelt man das Heu für ein Pferd in dessen Abwesenheit in einer geschlossenen Box auf, so legt sich der mit dem bloßen Auge sichtbare Grobstaub nach einigen Minuten. Die Pilzsporen jedoch sind bei geringer Luftbewegung noch über Stunden in der Stalluft nachweisbar und können zu Husten führen. Dem Prinzip der Allergie folgend, bleibt die Empfindlichkeit des betroffenen Pferdes über sehr lange Zeit erhalten, zumeist lebenslang. Zugleich bilden sich die Krankheitserscheinungen immer dann spontan zurück, wenn der Patient vor den Allergenen zeitweise geschützt wird, um nach erneutem Kontakt zu Heu oder Stroh wieder in voller Stärke aufzutreten. Darin liegt für das Pferd eine große Gefahr, aber auch der Schlüssel zu einer vollständigen oder weitgehenden Heilung.

Nicht immer läuft die Ausbildung der Allergie nach diesem Schema ab. Es sind auch spontane Allergisierungen ohne vorhergehende Infektionskrankheit möglich. Auch dieses Risiko steigt deutlich, wenn weitere belastende Faktoren, insbesondere feuchte und schadgasbelastete Stalluft, hinzutreten. Außerdem kann man bei Pferden, die immer wieder mit Heu und Stroh schlechtester Qualität versorgt werden und so andauernd hohen Sporengehalten in der Luft ausgesetzt sind, fast mit Sicherheit über kurz oder lang eine Allergie gegen diese Stoffe erwarten. Allergien gegen Schimmelpilzsporen, auch Heustaub- oder Heuallergien genannt, weil Heu neben Stroh die meisten Sporen enthält, gelten als der wesentliche Verursacher chronischer Hustenerkrankungen.

Im Zusammenhang mit Schimmelpilzen sind auch die sogenannten Mykotoxine anzusprechen. Diese Stoffwechselprodukte gehören zu den giftigsten biologischen Substanzen überhaupt. Sie schädigen das Erbgut und können Lebertumoren erzeugen. Für diesen Effekt reichen sehr geringe Mengen aus. Verschimmelte Futtermittel gleich welcher Art dürfen also nicht verwendet werden.

Bei Futtermitteln guter Qualität dagegen ist nach heutigen Erkenntnissen davon auszugehen, daß der geringe natürliche Pilzbesatz, durch Aufnahme über Magen und Darm, für gesunde Pferde keine direkte Gefahr darstellt. Dies gilt besonders für Gegenden, in denen Heu nur im Winter gefüttert wird und das Rauhfutter des Sommers aus Gras und Stroh besteht. Auch ist das Leben eines Pferdes vergleichsweise kurz, so daß geringere Kumulationseffekte auftreten.

Anders sind die Verhältnisse bezüglich der allergisierenden Wirkung der Pilzsporen bei Aufnahme über die Lunge. Auch Heu und Stroh guter Qualität enthalten Pilzsporen. Ein Allergiker wird möglicherweise bereits auf kleinste Mengen reagieren, etwa wenn er mit den Nüstern in dem auf der Weide gefütterten Heu wühlt.

Chronischer Husten: die typische Einbahnstraße

So wichtig es auch ist, die Ursachen, Verlaufsformen und Folgen von Hustenerkrankungen systematisch zu differenzieren, so wenig bringt dieses Vorgehen für die Praxis vieler Pferdehalter.

Oft ist alles nicht so einfach und übersichtlich, sondern man steckt plötzlich mit dem Husten seines eigenen Pferdes in einer verfahrenen und komplizierten Situation.

Beginn

Die typische Hustenkarriere beginnt meist mit einem Virushusten. Nach der anfänglichen Besserung der akuten Symptome bleibt ein Resthusten zurück, der sich in wechselnder Intensität bemerkbar macht: gelegentlich in der Box, meist aber zu Beginn des Reitens. Zunächst wird das Problem noch mit »Anstoßen« umschrieben, aber dann werden die Symptome immer deutlicher. Das Pferd hustet ohne Ende, Tierärzte und Tierheilpraktiker versuchen die verschiedensten Therapien, deren Erfolge insgesamt aber bescheiden sind. Viele Medikamente und Kräutermischungen werden verabfolgt, die Übersicht geht verloren, der sogenannte Fachmann und auch viele Laien äußern einander widersprechende Meinungen. Plötzlich wird das Pferd als chronischer Huster bezeichnet und damit als unheilbar abgetan. Das muß aber nicht so sein.

Symptome

Der Begriff der chronischen Krankheit wird in der Medizin unterschiedlich definiert. Dabei ist es durchaus möglich, daß der Patient zeitweise einen gesunden Eindruck macht. Die Gefahr liegt darin, daß die Symptome zu Beginn der Krankheit noch unauffällig sind.

Das Pferd hustet immer wieder, in wechselnder Intensität und Häufigkeit. In der ersten Zeit stellt sich das Husten vornehmlich zu Beginn der Arbeit ein, etwa beim ersten Antraben. Später husten die Tiere auch in Ruhe. Fieber wird in der Regel nicht beobachtet oder nur in der anfänglichen Phase der akuten Infektion.

Nasenausfluß kann vorhanden sein. Meist ist er weiß und trübe, der Ausfluß verstärkt sich nach dem Reiten und ist dann häufig mit feinen Bläschen durchsetzt. Das ständige Vorhandensein geringer oder größerer Schleimmengen kann Bakterien einen Nährboden bieten. Dann wird der Nasenausfluß gelb, oft zeigen die Patienten plötzlich wieder Fieber und Abgeschlagenheit.

> **Ist Dämpfigkeit heilbar?**
>
> *Eines unserer Schulpferde soll zum Schlachter, weil es »dämpfig« ist. Läßt sich denn gegen diese Erkrankung nichts tun?*
>
> Als »Dämpfigkeit« wird das Endstadium einer chronischen Erkrankung der Lunge oder des Herzens bezeichnet; sie ist unheilbar.
> Die durch Lungenschäden verursachte Dämpfigkeit entwickelt sich aus einem chronischen Husten, der in vielen Fällen überwiegend auf einer Allergie gegen Schimmelpilzsporen aus Heu und Stroh beruht und zunächst noch heilbar ist.
> In einem späteren Stadium werden die Veränderungen an der Lunge jedoch unheilbar. Die Schwierigkeit besteht darin, das Ausmaß der Zerstörungen an der Lunge bei der Untersuchung des lebenden Pferdes genau zu bestimmen und daraus eine verläßliche Prognose abzuleiten. So stellt man immer öfter fest, daß die vermeintlich unheilbare Erkrankung wieder ausheilt, wenn die Haltungsbedingungen durchgreifend verbessert werden.
> Zum Weiterlesen: S. 58, 66

Manchmal ist bei chronischen Hustern kein Nasenausfluß vorhanden. Das kann in einer trockenen Reizung der Atemwege begründet sein oder in einer sehr festen, zähen Konsistenz des Schleims. In diesen Fällen kann auch das Abhorchen der Lunge mit dem Phonendoskop zunächst wenig ergiebig sein. Erst nach längerer Gabe schleimlösender Medikamente gehen plötzlich große Sekretmengen ab.

Obwohl Pferde in den ersten Stadien einer chronischen Hustenkrankheit noch leistungsfähig sind, haben die Veränderungen an der Lunge bereits eingesetzt. Diese werden zunächst bei geringer und mittlerer Belastung noch nicht offenbar. Für Leistungspferde mit kurzzeitigen Spitzenbelastungen, typischerweise Galopper, Traber und Vielseitigkeitspferde, bedeuten nicht ausgeheilte Hustenerkrankungen dagegen meist sofort deutliche Geschwindigkeitseinbußen.

Die Prognose für chronische Huster ist auf Dauer trotz Medikamenteneinsatz ungünstig, wenn die Haltungsbedingungen nicht geändert werden.

Gelegentlich wird das Argument vorgetragen, auch Menschen husteten von Zeit zu Zeit, ohne daran zu sterben. Dieser Vergleich ist natürlich absurd, da man das Pferd als Leistungs-, Lauf- und Lungentier nicht mit einem durchschnittlichen Büromenschen vergleichen kann. Der Vierhundertmeterläufer hingegen nimmt eine Erkältung mit Husten sehr ernst, da sie seine Leistungsfähigkeit empfindlich beeinträchtigt, und kuriert sie daher sorgfältig aus.

Verlauf

Wird die Hustenerkrankung nicht innerhalb einer vernünftigen Zeit, die bei jedem Pferd unterschiedlich ist, unter Kontrolle gebracht, laufen vielfältige und gefährliche Veränderungen an der Lunge ab. Die Schleimhaut der Bronchien und Bronchiolen schwillt an, deren Durchmesser wird dadurch kleiner. Die Atemluft kann nicht mehr ungehindert hindurchströmen, das Atmen fällt dem Pferd zusehends schwerer. Entzündliche Sekrete werden abgesondert und engen den Durchmesser der Luftwege noch weiter ein. Wird der Schleim zäh, gehen die Zilien der Bronchialschleimhaut teilweise zugrunde (s. S. 12) und können daher ihre Reinigungsfunktion nicht mehr erfüllen. Es entsteht ein Nährboden für Bakterien.

Nach einiger Zeit reagieren die Bronchiolen mit einem krampfartigen Zustand, der durch die Kontraktion der sie umgebenden Muskelfasern ausgelöst wird. Dieser Zustand ist mit dem Asthma des Menschen vergleichbar. Es entsteht ein Bronchialkrampf, der den für die Luftströmung erforderlichen Hohlraum weiter einengt.

In diesem Stadium ist es höchste Zeit für eine massive Therapie und eine durchgreifende Haltungsumstellung, sonst sind die entstandenen Schäden nicht mehr zu beheben.

Das Pferd muß aufgrund der verengten Atemwege gegen einen erhöhten Widerstand atmen. Dabei entsteht ein Ventileffekt: Die Einatmungsluft wird an den Engpässen vorbei in die Lungenbläschen (Alveolen) hineingepreßt. Weil aber für die Ausatmung ein nicht ganz so hoher Druck zur Verfügung steht, verbleibt ein geringer Teil der eingeatmeten Luft wie bei einem Ventil hinter dem Engpaß in der Alveole. Bei der nächsten Einatmung gelangt weitere Luft in die Alveole hinein, die aber wieder nur unvollständig entweichen kann. So werden die Alveolen nach und nach aufgebläht, es entsteht eine Lungenüberdehnung mit erschwerter Atmung. Diese Lungenüberdehnung ist noch reversibel, wenn sie durch intensive Therapie und Haltungsänderung mit streng staubarmer Unterbringung konsequent bekämpft wird. Unternimmt man jedoch nichts gegen diesen Zustand, so reißt die Wand der überblähten Alveolen schlußendlich ein, die zerstörten Bläschen gehen für die Atmung verloren. Es stellt sich ein Emphysem ein. Dieses Stadium ist nicht mehr reversibel. Man bezeichnet es auch als Dämpfigkeit.

Der Ausdruck Dämpfigkeit wird jedoch oft mißbräuchlich verwendet. Er beinhaltet immer die Nichtumkehrbarkeit des krankhaften Zustandes. Am lebenden Pferd ist von außen aber trotz sorgfältiger Untersuchung nicht unbedingt festzustellen, inwieweit die Veränderungen schon irreversibel sind. Der Ausdruck irreversibel ist bei Hustenpferden relativ: Wenn die Tiere weiterhin den allergisierenden Sporen und ganz allgemein schlechten Haltungsbedingungen ausgesetzt sind, kann sich der Zustand tatsächlich nicht verbessern. Die beste Probe und zugleich der Beginn der ursächlichen Therapie ist hingegen eine strikte Isolierung von jeglichem Staub für einige Zeit, wobei man in ernsten Fällen in der Übergangszeit zuzüglich medikamentös behandeln muß. Bessert sich das Befinden des Pferdes dann deutlich, so lag überwiegend eine Lungenüberdehnung vor, die sich zurückgebildet hat. Ändert sich der Zustand trotz allem nicht, muß man davon ausgehen, daß irreversible Veränderungen vorlagen.

Dabei sind zahlreiche Übergangszonen möglich. Überwiegen die reversiblen

Veränderungen bei geringfügig irreversiblen Schäden in den Lungenrändern, ist eine nahezu vollständige Genesung des Pferdes zu erwarten. Sind dagegen bereits umfangreiche Zonen des atmungsaktiven Gewebes unwiderruflich zerstört, weil die Alveolen in großem Umfang eingerissen sind, so kann die verbleibende Atmungskapazität möglicherweise nur noch für eine Ruheatmung bei Weidegang ausreichen, die weitere reiterliche Nutzung aber ausgeschlossen sein. In krassen Fällen ist den Tieren auch ein Leben als Gnadenbrotpferd wegen der dauernden Atemnot nicht mehr zumutbar. Eine zuverlässige Prognose ist in dieser Hinsicht aber – und das sei ausdrücklich betont – nicht möglich, solange der Patient in der schlechten Luft steht.

Erst wenn mehrere Wochen in einer staubarmen Haltung und die intensive Anwendung von Kortikoiden keine Besserung erbrachten, kann man von einer tatsächlichen Unheilbarkeit ausgehen. Solche Fälle sind aber seltener als allgemein vermutet. Meist wird den Pferden diese Chance verwehrt und die tödliche Diagnose zu früh gestellt.

Verschlechterung

Die chronische Verschlechterung der Lungenfunktion eines Hustenpferdes fällt äußerlich durch verschiedene Anzeichen auf:
- Der Husten wird immer häufiger. Er ist nicht mehr laut und kräftig, sondern leise und matt.
- Das Pferd atmet angestrengt, die Nüstern sind bei der Einatmung gebläht, bei der Ausatmung pressen die Bauchflanken mit, um die Luft aus der Lunge zu entfernen. Dadurch entsteht die sogenannte Dampfrinne. Eine solche Dampfrinne kann jedoch auch schon

---

Sind Kortisonspritzen schädlich?

Mein Pferd bekommt vom Tierarzt regelmäßig Kortisonspritzen gegen den Husten. Ist diese Behandlung ungesund?

Kortison ist ein körpereigenes Hormon, das in höherer Dosis therapeutisch genutzt wird, unter anderem wirkt es abschwellend und unterdrückt allergische Reaktionen. Wenn sich das Befinden eines chronischen Husters durch Kortisongaben bessert, liegt in der Regel eine Allergie gegen Pilzsporen aus Heu und Stroh vor. Gerade dann ist es aber wenig sinnvoll, die Allergie zu bekämpfen, ohne diese Ursache auszuschalten. Das Pferd sollte also möglichst bald auf eine staubarme Haltung umgestellt werden, um wirklich zu gesunden. Dauerhafte Anwendung von Kortison ist in diesem Fall nicht erforderlich und wegen der Nebenwirkungen unerwünscht.
Achtung: Für hustende Pferde mit asthmatischen Zuständen ist eine sofortige kurzzeitige Kortisonbehandlung jedoch in vielen Fällen nicht zu umgehen, um die quälende Atemnot zu beheben und der Zerstörung von Lungenbläschen vorzubeugen. Zum Weiterlesen: S. 98

bei der reversiblen Lungenüberdehnung auftreten!
- Schon bei kleinen Anstrengungen steigt die Atemfrequenz, da ein Sauerstoffdefizit besteht. Aus demselben Grund beruhigt sich die Atmung nach der Arbeit nur langsam.
- Die Kondition läßt nach. Das Pferd gerät schnell ins Schwitzen, es hat keine Lust zur Arbeit. Feuchtwarme Witterung verschlechtert die Symptome weiter.

Werden chronische Huster nicht in absehbarer Zeit in eine luftigere Haltung verbracht und adäquat therapeutisch versorgt, so kann sich durch den bereits beschriebenen Ventileffekt im Bronchospasmus (s. S.66) eine Lungenüberdehnung einstellen, die später unheilbar und dann als Dämpfigkeit bezeichnet wird. Dieses Endstadium sowie alle Zwischenstufen sind der Asthmaerkrankung des Menschen sehr ähnlich.

Hochfrequente pumpende Atmung, geweitete Nüstern, Pressen der Bauchflanken und sichtliche Angstzustände dürfen nicht ignoriert werden!

Solche Zustände sind ein Notfall und bedürfen umgehender tierärztlicher Intensivtherapie, bei denen hohe Dosen von Kortikoiden meist die letzte Rettung darstellen. Spätestens zu diesem Zeitpunkt wird eine Haltungsumstellung überlebenswichtig.

Wenn sich trotz Haltungsänderung und intensiver Therapie über Wochen keine Besserung einstellt und das Pferd sichtlich leidet, sollte es aus Tierschutzgründen in jedem Fall umgehend getötet werden.

Tierquälereien aus Unwissenheit werden begangen, indem man asthmatische Pferde mit Erstickungsanfällen einfach stehenläßt. Solche Fälle werden in der Praxis leider gar nicht selten beobachtet. Diese Tiere stehen Todesangst aus!

Praktisches Management chronischer Hustenpferde

Eine staubarme Haltung ist in der Praxis durchführbar und reduziert die Staubbelastung für das Pferd deutlich, wie wissenschaftliche Untersuchungen gezeigt haben. Dazu wurden Langzeitmessungen mit kleinen, tragbaren Filtereinrichtungen am Halfter des Pferdes vorgenommen, also dort, wo das Tier tatsächlich atmet. Die Messungen wurden in verschiedenen Aufstallungsformen durchgeführt und zeigten die höchste Belastung mit Luftstaub für die Pferde in einem geschlossenen Stallgebäude bei Verfütterung von trockenem Heu und Stroh als Einstreu. Lebte das gleiche Tier unter diesen Haltungsbedingungen in einer Außenbox, war die Staubbelastung schon deutlich geringer. Den besten Erfolg erzielte die Haltung auf Hobelspänen in Kombination mit der Verfütterung von nassem Heu in der Außenbox. Hier war nicht nur wenig Staub in der Luft, dieser enthielt überdies die geringste Menge Pilzsporen, wie weitere Untersuchungen

---

Wie lange muß ein chronisch hustendes Pferd staubarm gehalten werden?

Seit zwei Jahren steht mein Vollblutwallach im Offenstall und wird dort staubarm gehalten. Er hustet aber erst seit einigen Monaten überhaupt nicht mehr. Kann ich ihn jetzt wieder im nähergelegenen Reitstall unterbringen?

Die staubarme Haltung für chronisch-allergische Hustenpferde braucht eine gewisse Zeit zur Entfaltung ihrer vollen Wirkung. Dieser Zeitraum ist hauptsächlich davon abhängig, wie lange der Patient vorher gehustet hat. Haben sich Krankheitsprozesse langfristig entwickelt, werden sie nicht innerhalb kürzester Zeit wieder verschwinden können. Durch unterstützende Maßnahmen in der Übergangszeit (schonende Bewegung, Hustenkräuter, Naturheilverfahren) kann der Wirkungseintritt beschleunigt werden.

Heuhusten ist eine Allergie, und es liegt im Wesen einer solchen, daß sie in der Regel zeitlebens in voller Stärke bestehen bleibt. Heuallergiker müssen also auf Dauer staubarm gehalten werden. Kehrt man zur alten Haltungsform zurück, stellt sich auch der Husten wieder ein. Zum Weiterlesen: S. 99

zeigten. Außerdem konnte man eindeutig feststellen, daß das trockene Heu der Hauptverursacher einer Belastung mit allergisierenden Pilzsporen in der Atemluft des Pferdes war. Aus gesundheitlichen Gründen spricht also alles für eine Vermeidung von Staub, insbesondere aus Heu und Stroh. Dies gilt im therapeutischen Sinne für alle Formen von Hustenerkrankungen und ist prophylaktisch in jeder Pferdehaltung sinnvoll.

Die überwiegende Mehrzahl der chronisch hustenden Pferde leidet an einer Allergisierung gegen Schimmelpilzsporen aus dem Staub von Heu und Stroh. Für Prophylaxe und Therapie ist die vorgestellte staubarme Haltung daher die mit Abstand wichtigste Maßnahme.

Ohne diese Haltungsänderung, die den Patienten vor den Allergenen schützt, sind die betroffenen Pferde trotz tierärztlicher Therapie oder naturheilkundlicher Behandlung auf lange Sicht nicht leistungs- und meist auch nicht überlebensfähig.

Durch sorgfältige Planung lassen sich Maßnahmen zur Staubvermeidung auch in größeren Pferdebeständen und in der Sportpferdehaltung realisieren.

stigter und sicher eingezäunter Paddock eingerichtet. Die Tür kann nun überwiegend offen bleiben, bei nach der Arbeit verschwitzten Pferden ist sie aber auch zu verschließen. Dieser Paddock hat auch dann schon Vorteile, wenn er nur die Größe einer Box hat. Es ist sehr aussagekräftig, daß die Pferde auch bei rauher Witterung oft im Freien stehen.

Viele im Reitstallmilieu aufgewachsene Reiter können sich einen Schritt weg von den Gewohnheiten, weg von altvertrauten Vorstellungen, weg von den Reiterkollegen und der professionellen Versorgung ihres Pferdes nicht vorstellen. Leider sind die meisten Reitstallbesitzer in Deutschland nicht gewillt, den Stall so umzubauen, daß jedes Pferd mit dem Kopf an die frische Luft kann. Regt nun ein einzelner Reiter solche Maßnahmen an, stößt er in der Regel auf taube Ohren. Das sei doch alles Unsinn, wird dann oft argumentiert, man könne sich bitte einen anderen Stall suchen. Genau das sollte dann auch geschehen. Und wenn das viele Reiter androhen, wird auch umgebaut.

Der Besitzer eines chronisch-allergischen Hustenpferdes muß sich auf Dauer entweder von seinem Stall oder von seinem Pferd trennen.

Die pferdegerechte Unterbringung

Ein hochgradig und bereits lange hustendes Pferd braucht grundsätzlich eine Atemluft sehr guter Qualität. Offene Reihenboxen sind dafür gut geeignet. Noch einmal deutlich verbesserte Ergebnisse erreicht man mit dem Offenstallprinzip: Vor der Einzelbox wird ein kleiner, befe-

Rechts oben: Diese Versuchsanordnung mißt die Staubbelastung da, wo »Antje« wirklich atmet: direkt neben den Nüstern.
Unten: Mikroskopisch kleine Pilzsporen gelten als Hauptverursacher chronischer Hustenerkrankungen. Sie sind in großer Menge in Heu und Stroh enthalten, auch bei guter Qualität.

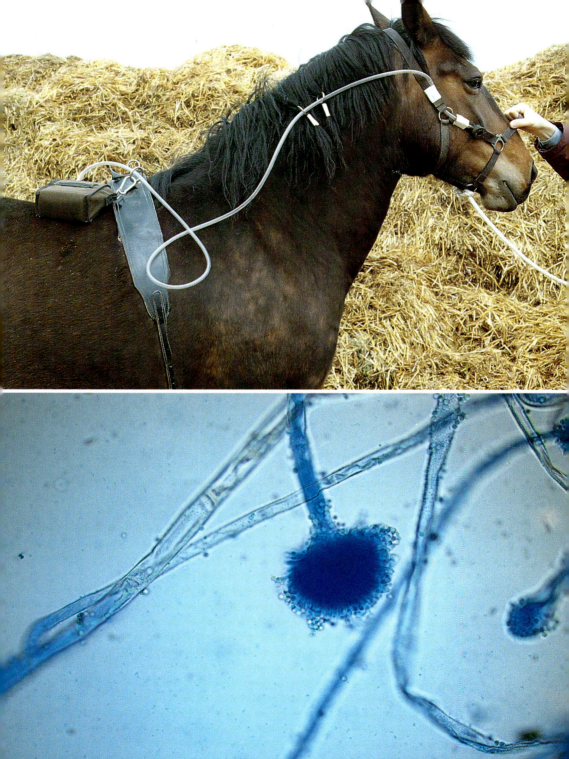

> **Natürlich: Robusthaltung**
>
> Es ist nicht richtig, daß Robusthaltung nur für Ponys geeignet sei und hochblütige Pferde und Tiere, die im Leistungssport eingesetzt werden aber einen festen Stall einschließlich warmer Decken und Einzelhaltung in Boxen benötigten. Distanzpferde, die sehr erfolgreich sind und ein Blick in andere Länder belehren uns eines Besseren.

Da nutzt keine tierärztliche Dauertherapie, keine Kräutermischung und keine Homöopathie. Es gibt bei etwas Phantasie und dem festen Willen zur Veränderung viele Möglichkeiten, sich in der Pferdehaltung unabhängig zu machen. Die Zahl der Pferdehalter, die mit der Unterbringung ihrer Tiere unzufrieden sind, ist sehr groß. Haltergemeinschaften geben viele Ansätze zur selbständigen Pferdehaltung. Zahlreiche Landwirte, die die Viehhaltung aufgegeben haben, bieten gute Möglichkeiten für eine pferdegerechte Unterbringung. Der kleine Offenstall auf der gepachteten Weide muß kein Musterstall werden, aber er sollte die tatsächlichen Bedürfnisse des hustenkranken Pferdes berücksichtigen. Ein Dach über dem Kopf mit einer trockenen Liegefläche, ein kleiner, leidlich trockener Paddock oder eine Wiese mit Artgenossen sind für ein Pferd wichtig. Schlechtes Wetter, Matsch und abfällige Kommentare der Nachbarn oder von Reiterkollegen stören nur den Besitzer, nicht aber das Pferd.

Auch vorher jahrelang in einem festen, geschlossenen Stall gehaltene Pferde können nach einer Eingewöhnungszeit ganzjährig im Offenstall leben. Vorsicht ist nur geboten, wenn Pferde sehr unterschiedlicher Robustheit in einer Herde zusammenstehen. Dann kann es passieren, daß der Herdentrieb die Aufmerksamkeit für die eigenen Bedürfnisse übertrifft und sich auch empfindlichere Tiere mit den robusteren Artgenossen stundenlang zitternd in den novemberlichen Nieselregen stellen statt in den Offenstall. Hier muß der Pferdehalter dann korrigierend eingreifen.

Offenstallhaltung, nach Möglichkeit in der Gruppe, ist nicht nur wichtig für Hustenpferde, sondern befriedigt auch sonstige Bedürfnisse des Pferdes nach Bewegung, Abwechslung, geistiger Forderung und Sozialkontakten.

Ein häufiges Mißverständnis tritt bei der alternativen Pferdehaltung oft zwischen Optik und Funktionalität auf, denn hier ist »gut« nicht unbedingt gleichbedeutend mit »schön«. Eine gesunde Pferdehaltung darf, nach gängigen Begriffen, durchaus unordentlich aussehen. Ein

---

Links oben: Der Stall wirkt ordentlich, aufgeräumt und sauber. Trotzdem ist reine Boxenhaltung ohne freie Bewegung und vor allem ohne Sozialkontakte nicht pferdegerecht.
Unten: Diese Anlage hingegen wirkt aus menschlicher Sicht ungemütlicher. Dennoch ist eine solche Pferdehaltung sehr viel artgerechter, nicht nur für Ponys.

grob zusammengenagelter Offenstall mit Wellblechdach und etwas Matsch im Eingangsbereich kann den Pferden weitaus gesündere Lebensbedingungen bieten als eine Edelholzbox mit marmornem Futtertrog in der stickigen Ödnis einer 24stündigen, fensterlosen Stallhaltung. Die Ästhetik stört nur den Menschen, nicht aber das Tier.

Husten trotz Offenstall oder Außenbox

Auch ganzjährig im Offenstall lebende Pferde können schwere chronische Hustenerkrankungen haben. Dieser Fall ist gar nicht so ungewöhnlich. Wie bereits erwähnt, sind die Schimmelpilzsporen aus Heu und Stroh mikroskopisch klein. Sie entfalten bei sensiblen Pferden schon in kleinsten Mengen eine allergische Wirkung. Es wurden Weidepferde beobachtet, die durch eine Zufütterung von Heu oder Stroh, welche im Freien in kleiner Menge und dünner Schicht auf dem Erdboden erfolgte, an schweren und eindeutig allergischen Hustenformen erkrankten.

In solchen Situationen gibt es grundsätzlich zwei Möglichkeiten, die in Abhängigkeit von den räumlichen Gegebenheiten angewendet werden müssen: Entweder wird der Allergiker in einem besonderen Paddock mit überdachtem Liegebereich mit nassem Heu oder entsprechenden staubfreien Alternativen gefüttert, oder es erweist sich als unkomplizierter, gleich die ganze Gruppe entsprechend zu füttern.

Wird die Ursache beseitigt, der Staub also vermieden, kann man mit einer baldigen Genesung das Pferdes rechnen.

Einfach, aber wirksam: die Naßfütterung

Die Naßfütterung von Heu und Futterstroh ist die mit Abstand wichtigste und wirkungsvollste Maßnahme bei chronischen Hustern. Außerdem kann man unter allen Bedingungen sofort damit beginnen. Dennoch sollte natürlich bei allen verwendeten Futtermitteln auf gute Qualität geachtet werden. Diese läßt sich bereits grobsinnlich einschätzen.

Gutes, für Pferde geeignetes Heu ist von sattgrüner Farbe, aromatisch duftend und fällt nach dem Öffnen des Ballens locker auseinander. Die Struktur ist weder besonders fein und weich, wie etwa bei Heu vom zweiten Schnitt, noch allzu grob und sperrig, wie es bei zu altem, überständigem Gras zu erwarten ist. Man findet kaum Beimengungen von Erde, Staub oder sonstigen Fremdstoffen und keine Giftpflanzen. Statt dessen ist das Heu im Idealfall mit Kräutern durchsetzt und besteht nicht nur aus monokulturellen Massengräsern.

Stroh sollte ebenfalls duften, goldgelb sein und aus dem Ballen locker auseinanderfallen. Gerade gegen naß verfüttertes Stroh haben viele Pferde zunächst eine Abneigung. Sie gewöhnen sich aber nach einiger Zeit daran, wenn man ihnen keine Alternative läßt.

Auch Heu und Stroh guter Qualität enthält genug Schimmelpilzsporen, um Pferde zu allergisieren und bereits sensibilisierte Tiere bei jedem Kontakt erneut schwer erkranken zu lassen. Der Grund ist in der Fermentierung des Heus während der Reifungsphase in den ersten beiden Monaten nach der Ernte zu sehen. Hier entstehen Wärme und Feuchtigkeit,

Warum hustet mein Pferd, obwohl ich nur nasses Heu füttere?

Schon seit mehreren Monaten achte ich darauf, daß mein Haflinger nur nasses Heu bekommt. Warum hustet er immer noch?

Wenn Pferde einen chronisch-allergischen Husten haben, dann ist das Verfüttern von nassem Heu die wichtigste Maßnahme, um die allergisierenden Pilzsporen von der Atemluft des Pferdes fernzuhalten. Oft reicht diese Maßnahme allein aber nicht aus, da auch aus trocken verfüttertem Stroh Pilzsporen freigesetzt werden, wenn auch in geringerem Umfang. Diese Menge kann ausreichen, um bei empfindlichen Pferden einen starken und dauerhaften Husten auszulösen. Neben Staub aus Heu und Stroh können auch weitere Belastungen in der Stallhaltung zu chronischen Hustenerkrankungen führen, etwa das Schadgas Ammoniak, hohe Tierbesatzdichte, geringer Luftaustausch und Bewegungsmangel. Schließlich muß in jedem Fall genau untersucht werden, ob möglicherweise andere Erkrankungen des Atmungsapparates, des Herzens oder des Brust- und Bauchraumes für das Hustensymptom verantwortlich sind. Zum Weiterlesen: S. 14, 86

die besten Voraussetzungen für das Wachstum von Pilzen. Eine solche Reifungsphase läuft beim Stroh kaum ab, daher enthält Stroh zwar nicht so viele Sporen und vor allem andere Sorten, aber es stellt trotzdem eine Gefahr dar. Auch Futterstroh sollte bei empfindlichen Pferden nur naß verfüttert werden.

Heu und Stroh müssen vor dem Verfüttern vollständig unter Wasser getaucht werden. Das bloße Übergießen mit Wasser aus der Gießkanne oder dem Schlauch reicht bei den meisten Patienten nicht aus. Die genaue Dauer des Wässerns hängt von der Dichte der Heuportion ab. In jedem Fall muß die Benetzung aller Halme gewährleistet sein. Bei losem Heu genügen daher meist wenige Minuten. Wässert man einen ganzen, womöglich noch geschlossenen Heuballen, kann man in der Praxis etwa 15 bis 30 Minuten veranschlagen.

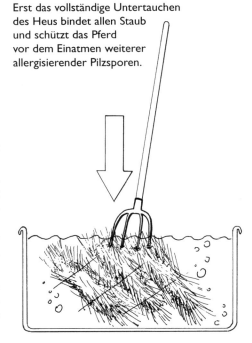

Erst das vollständige Untertauchen des Heus bindet allen Staub und schützt das Pferd vor dem Einatmen weiterer allergisierender Pilzsporen.

> **Futterplatzgestaltung**
>
> Wichtig ist die Beschaffenheit des Futterplatzes. Holzplankenböden sind verständlicherweise nicht zur Verfütterung von feuchtem Heu geeignet. Wenn man nicht auf befestigtem Boden füttert, sollte die Futtergelegenheit aus Stein oder Beton gefertigt sein und eine tägliche Entfernung der nassen Reste erlauben. Diese hygienische Maßnahme ist sehr wichtig, denn sonst bildet sich erneut Schimmel. Überdies trocknet das Heu nach einiger Zeit und staubt dann möglicherweise wieder.
> Besonders im Sommer kann nasses Heu oder Stroh schnell faulen und unangenehme Verdauungsstörungen hervorrufen.

Mit nennenswerten Nährstoffverlusten durch das Wässern ist nicht zu rechnen, auch wenn dieser Einwand häufig gegen eine Verfütterung von nassem Heu vorgebracht wird. Dieser Verlust ist jedoch unbedeutend: Ausgewaschen werden, wenn überhaupt, nur Vitamine, Mineralien und Spurenelemente, mit denen die Mehrzahl der Pferde heute gut versorgt ist. Die eingebüßten Mengen sind unerheblich, und schließlich ist das Gefahrenpotential aus dem dauernden Husten deutlich höher. Es ist dennoch nicht sinnvoll und auch nicht erforderlich, das Heu über Nacht einzuweichen. Man mag dem Tauchwasser eine geringe Menge Kochsalz beifügen, um damit die Nährstoffe im Heu zu fixieren.

Zu Anfang ist es für den Fütternden erstaunlich, wieviel Schmutz nach dem Heutauchen im Wasser bleibt. Der Sinn des Tauchens liegt dabei nicht im Waschen des Heus, also in der Entfernung der Sporen und des sonstigen Staubes, sondern in deren Bindung: Verhindert werden soll die Inhalation der Sporen. Im Magen richten sie in den geringen Mengen, die in gutem Heu zu erwarten sind, keine Schäden an.

Die Verfütterung von nassem Heu und Stroh stellt eine sehr effektive Möglichkeit zur Staubreduktion dar. Sie ist überdies preisgünstig und mit vertretbarem Energieaufwand durchführbar sowie bei korrekter Vorgehensweise gesundheitlich und hygienisch unbedenklich. Außerdem kann sie die Verdauungstätigkeit positiv beeinflussen und Verstopfungskoliken vorbeugen.

Salz und seine Wirkung

Gelegentlich wird empfohlen, das Tauchwasser mit Kochsalz zu versetzen. Dies hat zwar keine Wirkung auf die Schimmelpilzsporen, das Wasser wird auf diese Weise aber haltbarer, da Salz den mikrobiellen Verderb bremst. So kann das Tauchwasser häufiger benutzt werden und gefriert im winterlichen Offenstall nicht so schnell. Um den Gefrierpunkt zu senken, ist auch eine leichte Ansäuerung mit Obstessig hilfreich. Auch vermindert eine Salzbeigabe das Ausschwemmen von Nährstoffen. Ein weiterer Vorteil liegt in der besseren geschmacklichen Akzeptanz während der Umgewöhnung von trockenem auf nasses Heu.

Es sind jedoch keinerlei positive Wirkungen vom Einstreuen granulierten Viehsalzes zwischen das lose gelagerte Heu oder die Schichten der Heuballen zu erwarten, denn auf diese Weise gerät nur ein Bruchteil der Halme tatsächlich in Kontakt mit dem Salz, so daß eine desinfizierende Wirkung ausgeschlossen bleibt. Der gelegentlich als vorteilhaft dargestellte Effekt einer Bindung von überschüssiger Feuchtigkeit durch das wasseranziehende Salz kann sogar in das Gegenteil umschlagen: Auch die Außennässe wird in den Heustock hineingezogen und bildet feuchte Nester, die erst recht die Schimmelpilzbildung anregen.

Die Verdaulichkeit von nassem Rauhfutter

Gesundheitlich ist das Verfüttern von nassem Heu oder Stroh unbedenklich. Bei der Fütterung in Offenställen kann sehr strenger Frost Probleme bereiten. Bereift das Material lediglich, sind keine Schadwirkungen zu erwarten, wenn die Pferde an diese Art der Fütterung gewöhnt sind. Es sei daran erinnert, daß auch überjähriges Altgras auf der Winterweide von den Pferden in gefrorenem Zustand aufgenommen wird. Im Vergleich zum Abweiden von Altgras erfolgt die Heuaufnahme jedoch recht schnell, so daß Vorsicht geboten ist, wenn das Futter bei extremem Frost glasig gefroren ist. Dann hilft nur sehr sorgfältiges Abtropfen und, wie bereits erwähnt, ein Ansäuern des Tauchwassers mit Obstessig oder eine leichte Salzbeigabe, um den Gefrierpunkt abzusenken. Außerdem taucht man dann geringere Mengen auf Vorrat.

In den wenigen geographischen Lagen mit regelmäßigen harten Frostperioden sollte man für die Kernzeit des Winters vorbeugend Trockengrasprodukte einplanen. Vorsicht: Eine plötzliche Umstellung von Naßheu auf Trockengras von einem Tag auf den nächsten ohne Gewöhnungsphase führt jedoch leicht zu ernsthaften Verdauungsproblemen und ist daher zu vermeiden.

Die Akzeptanz des nassen Futters ist unterschiedlich. Viele Pferde sind davon sehr angetan, erfordert die Futteraufnah-

---

Enthält eingeweichtes Heu zuwenig Nährstoffe?

Angeblich enthält gewässertes Heu kaum noch Nährstoffe. Stimmt das?

Der beim Tauchen entstehende Nährstoffverlust ist unbedeutend. Er wird etwas höher, wenn die Portion mehrere Stunden im Tauchwasser liegt, ist aber auch dann unbedeutend im Vergleich zu der Gefahr, die mit dem Heustaub verbunden ist. Ausgewaschen werden im übrigen hauptsächlich Vitamine und Mineralien, mit denen die meisten der heutigen Pferde ohnehin überreichlich versorgt sind. Ein Salzzusatz im Tauchwasser kann den Nährstoffverlust verringern, weil das Ausschwemmen der Nährstoffe ins Wasser dadurch reduziert wird. Zum Weiterlesen: S. 76

me doch nun weniger Kraftaufwand. Andere benötigen – besonders bei nassem Stroh – einige Tage Gewöhnung, in denen sie zeitweise nur wenig fressen. Dies sollte der Pferdehalter im Sinne der Lungengesundheit aber ignorieren. Durch eine anfängliche geringe Beigabe von Kochsalz oder Obstessig in das Tauchwasser kann man die Akzeptanz für das Naßheu oder Naßstroh erhöhen.

Arbeitserleichterung durch technische Hilfen

Zum Tauchen kleinerer Heu- und Strohmengen genügen beliebige Gefäße mit ausreichendem Volumen. Das Wasser kann in Abhängigkeit vom Verschmutzungsgrad mehrfach benutzt werden, darf aber nicht faulig, muffig oder gar rauchig riechen. Im Sommer ist ein Wasserwechsel temperaturbedingt häufiger erforderlich. Taucht man die Futtermittel in einem Heunetz, so kann dieses zum Abtropfen noch einige Minuten über das Tauchgefäß gehängt werden. Tauch- und Abtropfwasser darf natürlich nicht zum Tränken benutzt werden.

Größere Heumengen taucht man mit Vorteil in ganzen, nicht aufgeschnittenen Ballen. Eine Hebelmechanik kann die Handhabung des schweren vollgesogenen Ballens erleichtern. Auch diesen läßt man gründlich abtropfen und danach am günstigsten gleich in eine Schubkarre fallen. Verschiedene Firmen bieten kommerzielle Systeme auf Rädern an. Diese stellen eine Kombination aus Tauchbecken und Schubkarre dar und erlauben entweder ein Ablassen des Tauchwassers durch einen bodenseitigen Ausguß oder

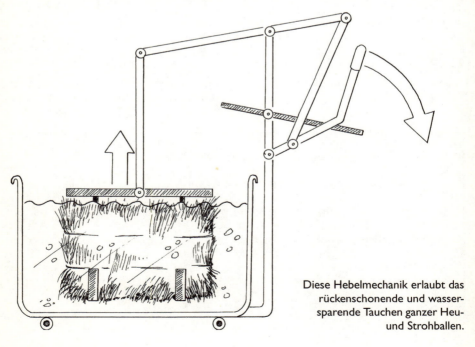

Diese Hebelmechanik erlaubt das rückenschonende und wassersparende Tauchen ganzer Heu- und Strohballen.

NASSFÜTTERUNG

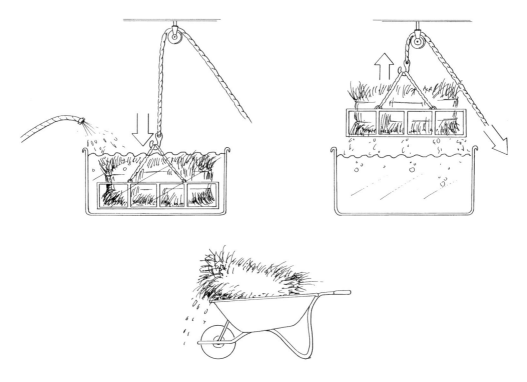

Oben: Eine solche Vorrichtung kann man auch selbst bauen; der abgetropfte Ballen wird sofort in die Schubkarre gegeben und dann zum Futterplatz gefahren.

Unten: Mit diesem Heutauchwagen kann man bis zu vier Ballen gleichzeitig tauchen. Das Wasser wird allerdings nur einmal verwendet, der Verbrauch ist daher hoch.

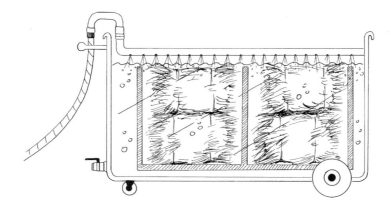

das Abtropfen auf seitlichen Rosten. Der abgetropfte Ballen kann dann zu den Pferden gefahren werden. Andere Hersteller bieten eine Dampfbefeuchtung an. Diese ist zwar teuer und energieaufwendig, aber auch sehr wirkungsvoll. Das feucht-warme Heu duftet aromatisch und wird von den Pferden gut akzeptiert.

Kraftfutter

Hafer, Pellets, Kleie und dergleichen sollten Hustenpferden ebenfalls nicht trocken gereicht werden. Für Pferde geeignetes, grobsinnlich korrektes Krippenfutter enthält zwar in der Regel keine Pilzsporen. Auch ist die Expositionszeit zu diesem Stoff nur sehr kurz. Trotzdem können die Stäube einen zusätzlichen unspezifischen Reiz setzen. Es genügt aber im Gegensatz zu Heu ein leichtes Anfeuchten.

Es muß nicht immer Heu sein

Alternativen zur Heufütterung sind durchaus vorhanden. Unter den jeweiligen Gegebenheiten sollte man die einfachste und kostengünstigste Lösung herausfinden. Grundsätzlich müssen die Ersatzstoffe jedoch in die Gesamtration des jeweiligen Pferdes integriert sein. Es empfiehlt sich daher sehr, die Zuteilung anhand von Futterwerttabellen exakt zu errechnen und nicht nur abzuschätzen.

Trockengrün

Der Handel bietet verschiedene Trockengrasprodukte an. Das Gras hierfür wird in kurzer Zeit künstlich getrocknet und zu Pellets oder Briketts verschiedener Größe gepreßt. Aufgrund etwa vergleichbarer Wassergehalte verfüttert man die gleichen Gewichtsmengen wie bei Heu. Man sollte den Bedarf im Einzelfall immer korrekt anhand der Inhaltsstoffe aus Tabellenwerken errechnen.

Im Gegensatz zur Heureifung findet hier fast keine Fermentation statt, und die Oberfläche für Pilzbesatz ist durch die Preßform sehr viel kleiner als bei Heu. Daher ist der Gehalt an allergisierenden Schimmelpilzsporen praktisch gleich Null. Auch die allgemeine Staubentwicklung bleibt sehr gering, wobei allerdings lange Transportwege und häufiges Umladen für Abriebstaub sorgen können. Die meisten Pferde fressen das Trockengrün nach einiger Gewöhnung gern. Ein weiterer Vorteil liegt in dem geringen Lagervolumen pro Gewichtseinheit. Auch kann man sich häufiger kleine Mengen anliefern lassen, was die Lagerhaltung im Vergleich zu Heu, das meist ab Weide in großen Chargen abgenommen werden muß oder selbst erwirtschaftet wird, weiter erleichtert.

Vorteilhaft ist neben der Staubarmut auch die gleichbleibende, vom Erntewetter unabhängige Qualität. Auf dem Markt befinden sich vor allem Graspellets, Alfalfapellets (besonders schnellwüchsiges Gras) und gelegentlich auch Luzernegrünmehl-Pellets. Bei den letztgenannten ist Vorsicht geboten, da diese Pellets, wie es der Name bereits sagt, aus Luzerneklee gewonnen werden, einen höheren Eiweißgehalt haben und daher nur in entsprechend geringen Mengen gefüttert werden können.

Ideal sind möglichst große Pellets oder Briketts, also mit einem Durchmesser von wenigstens 5–8 cm bei runden bzw. einer

Kantenlänge von 8×3 cm bei rechteckigen Formen. So ist gewährleistet, daß die Pferde langsam und sorgfältig kauen. Kleine Pellets können bei hastiger Aufnahme Schlundverstopfungen und Verdauungsstörungen durch mangelhaftes Einspeicheln bewirken. Zumindest in der Gewöhnungsphase sollten sie in Wasser eingeweicht werden. Generell ist die Umstellung auf Trockengrün, wie jede andere Futterumstellung, vorsichtig und langsam vorzunehmen.

Je kleiner die Pellets und je länger die Transportwege, um so stärker ist der Abrieb und damit der unspezifische Staub. Einen Staubgehalt von Null kann man nur mit nassem Heu oder Stroh oder mit Silagefütterung erreichen.

Unterschiede bestehen auch in der Struktur des Trockengrüns, die man teilweise bereits von außen, besser aber durch sorgsames Zerkleinern einiger Pellets erkennt. Sehr kleine Pellets bestehen meist aus einer mehligen Masse mit kurzen, weichen Fasern oder sind fast strukturlos. Das ist für die Verdauung ungünstig. Ideal sind hingegen große Briketts mit grober Faserstruktur.

Der Nachteil der Trockengrasprodukte liegt darin, daß sie von den Pferden entgegen aller Beteuerungen der Hersteller schneller gefressen werden als die gleiche Gewichtsmenge an Heu. Die Tiere erhalten zwar genug Energie, Eiweiß und rein rechnerisch auch genug Rohfaser, sind aber nicht so lange beschäftigt. In der Praxis kann dieser zeitliche Unterschied erfahrungsgemäß erheblich sein. Zur Ergänzung ist dann unbedingt nasses Stroh erforderlich. Während man nasses Heu und Stroh bei arbeitssparender Haltung auch zur freien Verfügung anbieten kann, muß Trockengrün wie Kraftfutter zugeteilt werden. Der Tagesbedarf ist bei voller Rauhfutterdeckung aus Trockengrün unbedingt auf mindestens drei Einzelportionen zu verteilen.

Trockengrün ist natürlich teurer als gleiche Mengen Heu. Die Gewinnung ist energieaufwendiger, die Transportwege sind in der Regel unökologisch lang, vielfach werden die Futtermittel aus Italien, Frankreich oder Island importiert Der Verpackungsaufwand ist hoch. Im Gegensatz zum Heuerwerb von persönlich bekannten Landwirten weiß der Pferdehalter auch nicht, von welchen Wiesen das Gras gewonnen wurde, ob es mit Schadstoffen belastet ist oder von Straßenrändern stammt. Der medizinische Nutzen von Grasbriketts für Hustenpferde ist nicht höher als derjenige von Naßheu. Graspellets sollten aromatisch duften und ohne Beimengungen von Fremdstoffen sein.

Grassilage

Eine weitere Alternative ist die Verfütterung von Grassilage. Grassilage ist durch Milchsäurebildung unter Luftabschluß konserviertes Grünfutter. Dieser Vorgang ist der Herstellung von Sauerkraut vergleichbar. Silage wird in Beton- oder Metallsilos eingefahren, als Miete mit Kunststoffbahnen abgedeckt oder in Großraumballen in Folie eingeschweißt. Einige Firmen bieten auch kleine Ballen speziell für Pferde an.

Da Silage feucht ist, kann sie nicht stauben und ist daher sehr gut als staubfreies Rauhfutter für Pferde geeignet. Nach langsamer Gewöhnung wird sie von fast allen Pferden gerne gefressen. Auf den Verdauungskanal wirkt sie sich sehr positiv aus. Ein weiterer Vorteil liegt in den geringeren Nährstoffverlusten durch im Vergleich zur Heu- oder gar Grünpelletgewinnung schonendere Herstellung. Eine gut durchgesäuerte Silage ist auch frei von Parasitenstadien, die möglicherweise bei der Gewinnung von Pferdeweiden noch im Gras vorhanden waren. Die eingesetzten Mengen liegen gewichtsmäßig wegen des höheren Wassergehaltes etwas höher als bei Heu und sollten im Einzelfall korrekt errechnet werden.

Qualitativ gute Silage sollte aus angewelktem Gras hergestellt sein. Sie ist nicht naß, sondern gerade noch klamm, duftet aromatisch und ist locker. Ein muffiger, fauliger Geruch, verfilzte oder gar verpilzte Stellen sowie ein zu hoher Wassergehalt machen sie für Pferde ungeeignet. Solche Fehler entstehen meist bei ungenügender Luftabdichtung während der Lagerung. Dann überwiegt nicht die Milchsäuregärung, sondern andere Bakterien oder gar Pilze (Schimmel und Hefen) gewinnen die Überhand. Bei der für landwirtschaftliche Nutztiere hergestellten Silage werden solche Qualitätsmängel oft in Kauf genommen. Für Pferde sind sie nicht akzeptabel. Grassilage kann nach langsamer Gewöhnung wie Heu zur freien Verfügung angeboten werden. Die Futterpartikel dürfen nicht zu kurz gehäckselt sein, da sonst Verstopfungskoliken drohen.

Silage wird nicht nur aus Gras hergestellt, sondern auch aus Mais oder Rübenblättern. Rübenblattsilage ist für Pferde nicht geeignet, da sie wegen des hohen Wassergehaltes für Fehlgärungen anfällig ist und leicht zu ernsthaften Verdauungsstörungen führen kann.

Gute Maissilage ist hingegen akzeptabel. Neben Silagen aus der ganzen Maispflanze werden auch solche nur aus den Körnern oder aus Körnern und Kolbenanteilen hergestellt. Die Nährwerte sind dementsprechend unterschiedlich und müssen bei der Rationsgestaltung kalkuliert werden.

Das Problem für den Einzelpferdehalter liegt bei Silagen in den Mengen: Um die Gärung zu ermöglichen, muß Silage sauerstoffarm gelagert und stark verdichtet werden. Nach dem Öffnen der Ballen bzw. an der Schnittfläche der Silos verdirbt die Silage durch Luftzutritt und muß daher unbedingt in wenigen Tagen verfüttert werden, besonders bei milden Außentemperaturen. Bei den in der Landwirtschaft üblichen Dimensionen bedeutet dies, daß pro Tag etwa 100 bis 300 kg zu verfüttern sind. Solche Mengen werden nur bei größeren Pferdebeständen verbraucht oder wenn noch andere Nutztiere versorgt werden müssen. Als Lösung für dieses Problem bietet der Handel speziell für Pferde unter verschiedenen Bezeichnungen folienverschweißte Silage in Kleinportionen von 10–15 kg an. Das Qualitätsniveau dieser Produkte ist sehr hoch, der Preis und das Verpackungsmüllaufkommen sind es allerdings auch.

Ein weiteres Problem stellt der hygienische Aspekt dar. Während korrekt gewonnene und sorgfältig gelagerte Silage ein fast steriles Futter darstellt, können Produktionsmängel und insbesondere Luftzutritt, der bei Folien-Großraumballen meist durch Mäusefraß entsteht, das Futter im Gegenteil extrem gefährlich werden lassen. Mit Staub oder Erdpartikeln können gefährliche Bakterien, etwa Listerien und Clostridien, in die Silage gelangen. Die Erkrankungen und Vergiftungserscheinungen bei betroffenen

Pferden sind gravierend. Wenn auf einen hohen Qualitätsstandard geachtet wird, ist dieses Risiko aber vernachlässigbar.

Bei Frost gefriert eine gute Anwelksilage wegen des geringen Wassergehaltes und des niedrigen pH-Wertes (saures Milieu) nicht so schnell wie Naßheu. Ist das Futter lediglich bereift, sind Verdauungsstörungen nicht zu erwarten. Extreme Minusgrade jedoch können auch Silage glasig gefrieren lassen und damit die Verfütterung risikoträchtig machen.

Weidegras

Vergessen wir beim Rauhfutter nicht das natürlichste Pferdefutter überhaupt: das Weidegras. Auf der Weide ist das Pferd von jeglichem Staub unbelastet, hat frische Luft und ist beschäftigt. Speziell Hustenpferde sollten möglichst oft auf die Weide kommen. Bei chronischen Hustenpferden kann eine mehrmonatige sommerliche Weidepause sehr hilfreich sein. Zugleich hat sie diagnostischen Wert: Heilt der Husten bei vollständiger Abwesenheit von Heu und Stroh aus, ist die allergische Herkunft gesichert und kann bei der zukünftigen Haltung mit Erfolg berücksichtigt werden. Daß Weidegras ein recht einseitig zusammengesetztes Futter ist und die Pferde möglicherweise an Kondition verlieren sowie an Grasbauch gewinnen, ist für solche Patienten von zweitrangiger Bedeutung.

Stroh

Der Vollständigkeit halber sei erwähnt, daß Stroh natürlich keinen Ersatz für Heu darstellt. Zwar sind beide Stoffe wichtige Träger von Struktur- und Ballaststoffen (Rohfaser), der Gehalt an Proteinen und verdaulicher Energie ist jedoch sehr unterschiedlich. So kann Stroh zwar als Rohfaserlieferant eingesetzt werden, muß aber durch andere Futtermittel ergänzt werden. Auch empfiehlt es sich nicht, den Rohfaserbedarf für ein Pferd ausschließlich aus Stroh zu decken, da dann verstärkt mit Verstopfungskoliken zu rechnen ist. Auch Futterstroh muß für den chronischen Huster naß verabreicht werden.

Strohlose Einstreu

Wenngleich einzelne, gering allergisierte Pferde die Sporenbelastung aus gutem Stroh ohne Hustensymptome vertragen, wird man in den meisten Fällen dennoch auf alternative Einstreu zurückgreifen müssen. Im folgenden werden nur die handelsüblichen Alternativen besprochen und solche, die aus lufthygienischen Gründen besonders empfehlenswert sind.

Materialunabhängig muß jede Einstreu sehr sauber gehalten werden, um der Ammoniakbildung entgegenzuwirken und die Parasitenentwicklung nicht zu fördern. Auch eine gut gepflegte sogenannte Matratzeneinstreu bleibt ein Misthaufen im Stall und ist daher aus hygienischen Gründen abzulehnen.

Hobelspäne

Als Alternative zu Stroh wird besonders häufig auf eine Hobelspaneinstreu zurückgegriffen. Hobelspäne setzen ebenfalls Staub frei, der jedoch anders zusammengesetzt ist. Untersuchungen haben gezeigt, daß er keine Schimmelpilzsporen enthält und daher praktisch nicht allergen ist. Kommerzielle Hobelspäne bestehen aus unbehandelten Weichhölzern und werden in gepreßten Ballen angeliefert. Die Saugkraft ist hoch, es wird wenig Ammoniak aus der Einstreu freigesetzt. Auch das wirkt sich günstig auf die Luftqualität aus. Kommerzielle Hobelspaneinstreu ist vergleichsweise teuer, wegen ihrer hohen Urinbindekapazität und der leichten Herausnahme des Pferdekotes aber sparsam im Verbrauch. Wer sich selbst Hobelspäne oder Sägemehl besorgt, sollte diese aus einem Sägewerk beziehen. Dort ist das Holz noch feucht, so daß die Späne nicht staubig sind. Feines Sägemehl von abgelagertem Holz aus Schreinereien oder großen Möbelwerken ist ungeeignet. Es ist zu trocken und staubt daher sehr stark. In solch großen Mengen kann auch dieser Staub Reaktionen an der Lunge provozieren. Außerdem besteht die Gefahr, mit Chemikalien belastetes Material zu erhalten.

Bei der Verwendung kommerzieller Hobelspäne nimmt man reichliches Aufkommen von Verpackungsmüll aus Kunststoff in Kauf. Die Entsorgung des Mistes ist komplizierter als bei Stroheinstreu. Zum Kompostieren benötigt man mehr Lagerfläche, da Späne langsamer verrotten als Stroh. Außerdem hat der so gewonnene Kompost einen sauren pH-Wert, welcher bei Pferdemist generell ein Problem darstellt und durch Kalkgaben allein oft nicht aufzufangen ist. Aus diesem Grund ist das Späne-Kot-Gemisch auch bei Landwirten als Dünger für die Felder weniger beliebt. Es ist wichtig, das Material in sehr viel dünnerer Schicht als sonstigen Mist auf das Feld zu bringen und tief genug einzuarbeiten.

Vorsicht ist geboten, wenn die Einstreu nur sehr selten gewechselt wird. Gelegentlich wurde eine Schimmelpilzbildung im Stall beobachtet, mit nachteiligen Folgen für die Pferde. Stehen Pferde bei sehr rohfaserarmer Fütterung den ganzen Tag in der Box, werden sie sich in Einzelfällen aus Langeweile und Hunger an der Einstreu vergreifen. Sehr kleine Mengen schaden nicht, bei größerer Aufnahme ist mit Verdauungsstörungen bis hin zu Koliken zu rechnen.

Papierschnitzel

In hygienischer Hinsicht optimal ist eine Einstreu aus Papierschnitzeln. Deren Staubgehalt ist praktisch gleich Null, sie ist saugfähig, leicht zu verarbeiten und gut zu kompostieren. Papierschnitzel verrotten sogar schneller als Stroh. Eine Umweltbelastung durch die Druckfarben auf dem Papier ist nicht gegeben, da seit mehreren Jahren keine bleihaltigen Druckfarben mehr eingesetzt werden.

Ein weiterer Vorteil liegt darin, daß Papierschnitzel von den Pferden verschmäht werden. Es treten keine einstreubedingten Verstopfungskoliken auf, und gerade bei übergewichtigen Pferden erlauben sie die exakte Nahrungszuteilung ohne unkontrollierte Strohaufnahme aus der Einstreu. Während Papiereinstreu in England und den USA durchaus verbreitet ist, gibt es in Deutschland nur sehr wenige Lieferanten.

Papierschnitzel sind die ideale Einstreu für chronische Hustenpferde.

Hanffasern

Vermehrt auf den Markt drängt eine Einstreu aus gefasertem Hanf. Diese ist extrem saugfähig, angenehm zu verteilen und sehr leicht kompostierbar. Leider ist sie auch teuer und offenbar wohlschmeckend: Verschiedentlich wurden Probleme mit übermäßiger Aufnahme durch die Pferde geschildert. Obwohl Hanf leichter zu verdauen ist als etwa Hobelspäne, kam es hier zu Verstopfungskoliken. Das mit der Einstreu gelieferte bitter schmeckende Vergällungsmittel, das auf die fertige Einstreu gesprüht werden soll, erscheint nur als unpraktische Notlösung. Man sollte im Einzelfall ausprobieren, ob die Pferde viel davon aufnehmen. Bei Offenstallhaltung und ausreichender Rohfaserversorgung ist dies weniger zu erwarten.

Torf

Torf verbietet sich aus ökologischen Gründen als Einstreu, da die letzten Moore nicht im Pferdestall enden sollen. Außerdem enthält er natürliche Huminsäuren, die das Hufhorn erweichen und der Strahlfäule Vorschub leisten können. Kompost aus Torf und Pferdemist ist extrem sauer und daher, sehr viel mehr noch als Hobelspankompost, für die meisten Böden nicht gut verträglich.

Sand

Sand ist als Einstreu nur sehr bedingt geeignet. Bei durchschnittlichen Witterungsbedingungen staubt er unter Stallverhältnissen kaum, ist sogar eher etwas zu feucht. Zum Liegen ist er aber, zumal im Winter, sehr kalt. Da er im Gegensatz zu gewachsenem Erdboden keine isolierenden organischen Partikel enthält, leitet er die Kälte stark. Für langhaarige Pferde (Isländer, Fjordpferde, Shettys) mag er im Sommer akzeptabel sein. Für dünnfellige, hochblütige Pferde und im Winter sollte er mit zwei Dritteln Hobelspänen gemischt werden.

Die Verwertbarkeit des Komposts kann wegen des hohen Sandgehalts eingeschränkt sein.

Vorsicht bei Staub aus der Nachbarbox!

Die Trennung der Lufträume im Stall ist oft schwierig und bringt in der Praxis viele Probleme mit sich. Staub und Schimmelpilze machen an der Boxenwand oder den Gitterstäben nicht halt, und gerade in großen, konventionell angelegten Reitställen ist es nahezu unmöglich, eine solche staubarme Haltung durchzuführen. Von den Nachbarboxen wölkt der Staub herüber, und diese Menge reicht bei empfindlichen Pferden aus, um das Hustengeschehen weiter zu erhalten. Völlig zu Unrecht wird dann dem Konzept der staubarmen Haltung unterstellt, keine Wirkung zu haben.

Nach vorne offene Einzelboxen mit Halbtüren in einfacher Reihe und überdachtem, aber im Freien angelegtem Versorgungsgang sind in fast allen Ländern der Welt zur Haltung auch von Sportpferden verbreitet. Nicht so in Deutschland: Hier dominiert immer noch das Prinzip der doppelten Boxenreihe mit mittig gelegenem Stallgang in einem geschlossenen Gebäude. Dort läßt sich keine Box isolieren. Bei offenen Einzelboxen hingegen können die beiden seitlichen Trennwände oder Trenngitter bis zur Decke mit Holz und Folie verkleidet werden. Der Luftzutritt erfolgt dann nur durch die offene Halbtür oder wahlweise durch ein Fenster ins Freie und ist damit staubfrei.

Nur Konsequenz führt zum Erfolg

Die konsequente Durchführung aller Maßnahmen ist sehr wichtig. Nur dann kann die staubarme Haltung wirken.

Werden die Forderungen nur inkonsequent, nur teilweise oder nur für kurze Zeit erfüllt, ändert sich am Befinden des Pferdes nichts. Das bedeutet dann nicht das Versagen der Methode, sondern deren falsche Anwendung.

Erfahrungsgemäß werden in diesem Zusammenhang die Gefahren aus dem Stroh besonders häufig unterschätzt. Wenngleich es einige Hustenpferde gibt, die Stroh gut vertragen, so reagieren die meisten Pferde doch bereits auf den geringen Sporenanteil in diesem Produkt.

Staub muß konsequent gemieden werden, auch unterwegs, auf Wanderritten, Turnieren und bei der zeitweiligen Versorgung der Pferde durch fremde Helfer. Eine einzige Fütterung mit trockenem Heu, etwa bei Zeitmangel, kann die Erfolge von Wochen zunichte machen. Zu Beginn ist Vorsicht auch geboten bei extrem staubigen Reithallen und Reitplätzen. Dieser Staub ist zwar anders zusammengesetzt, aber er kann in großer Menge trotzdem Hustenreiz auslösen.

Die größte Konsequenz und die beste Wirkung besteht, wenn das Pferd im Sommer ohne zusätzliche Fütterung auf einer Weide mit Schutzhütte steht. Einige Pferde sprechen spontan bereits nach wenigen Tagen mit deutlich vermindertem Husten auf die Haltungsänderung an. Manche jedoch brauchen eine längere Anlaufphase. Dann darf man nicht die Geduld verlieren. Der krankhafte Zustand des Patienten hat sich über lange Zeit entwickelt. Also wird er sich auch nur langsam zurückbilden.

Eine wesentliche Frage ist auch diejenige nach dem Umfang der zu treffenden Maßnahmen. Man erreicht die schnellste und beste Wirkung bei gleichzeitiger und andauernder Erfüllung aller staubreduzierenden Anforderungen. In der Praxis lassen sich aus logistischen Gründen oft nicht alle Punkte zugleich erfüllen. Wenn es der Zustand des Pferdes noch erlaubt, kann man in Stufen verfahren. Hier beruht ein eventueller Erfolg auf dem Umstand, daß gering allergisierte Patienten bereits auf eine Teilreduzierung des Staubes ansprechen. Zunächst wird das Heu für einige Tage bis etwa zwei Wochen naß gereicht. Bei fehlender Wirkung wird zusätzlich die Einstreu verändert, dann muß die Umstellung in eine Offenbox erfolgen usw.

Die Erfolgsaussichten dieses Verfahrens sind nicht sehr hoch. Man mag es immerhin versuchen, wenn eine grundsätzliche Veränderung nicht kurzfristig umsetzbar ist. Jede auch noch so unwesentliche Staubreduktion ist sinnvoll. Ideal ist aber in jedem Fall eine durchgreifende Änderung der Haltung.

Heilungsaussichten bei staubarmer Haltung

Bei dem weitaus überwiegenden Teil der hustenden Pferde bessern sich die Symptome in staubarmer Haltung. Bei vielen Pferden verschwinden sie ganz. Ein kleiner Prozentsatz der Patienten wird durch diese Haltung nicht hustenfrei, bessert sich aber im Befinden so sehr, daß ein le-

> **Wie kann man Husten vorbeugen?**
>
> *So viele Pferde husten chronisch; wie kann ich verhindern, daß auch meine Pferde krank werden?*
>
> Die Haltung in luftigen, offenen Außenboxen, mit angeschlossenem Paddock oder Auslauf, oder gar in einem Offenstall ist für alle Pferde wichtig und beugt einem Großteil der chronischen Hustenerkrankungen bereits vor. Auch reduziert sie das Auftreten von akuten infektiösen Hustenerkrankungen, da sie das Immunsystem anregt. Grundsätzlich sollten zudem für Pferde nur Heu und Stroh guter Qualität verwendet werden. Wenn dann trotzdem ein Husten auftritt, kann zuzüglich der Staub aus Heu und Stroh vermieden werden. Wegen der getrennten Lufträume ist diese Maßnahme in offenen Einzelboxen ebenfalls leichter durchzuführen als in großen geschlossenen Ställen für mehrere Pferde. Zum Weiterlesen: S. 60 f.

benswertes Leben und eine eingeschränkte reiterliche Nutzung möglich sind. Trotzdem wird es immer einige Patienten geben, die auf diese Haltung nicht oder nur geringgradig ansprechen. Die Gründe dafür können verschieden sein.

Zum einen kann die allergische Komponente des Hustens nur gering sein. Dann ist auch die Besserung durch eine Isolierung von den Allergenen nur gering. Zum anderen ist der Erfolg der staubarmen Haltung natürlich auch davon abhängig, wie lange die Tiere vorher unter den ungünstigen Haltungsbedingungen leben mußten. Je länger die Pferde gehustet haben, und je länger sie der schlechten Luft und dem Staub ausgesetzt waren, um so höher ist das Risiko ausgedehnter irreversibler Schäden. Auch aufwendige Untersuchungen der Lungenfunktion mit technischen Hilfsmitteln können über den Umfang der chronischen Schäden keine erschöpfende Auskunft geben.

Der Begriff der Dämpfigkeit wurde früher und wird zum Teil noch heute oft vorschnell verwendet. Im Gegensatz zur chronischen Bronchitis und zur reversiblen Lungenüberdehnung bezeichnet Dämpfigkeit die Unheilbarkeit des Zustandes und bedeutet damit die absolute Endstufe eines Krankheitsprozesses. Viele Pferde wurden und werden aber immer noch mit dieser Diagnose getötet, obwohl sie möglicherweise nur unter den bestehenden Haltungsbedingungen unheilbar waren, nicht jedoch medizinisch unheilbar. Viele neuere Untersuchungen weisen außerdem darauf hin, daß auch bereits lange hustende Pferde trotzdem eine Überlebenschance bei zufriedenstellender Leistungsfähigkeit haben, wenn sie in optimale Luftverhältnisse verbracht werden. Diese Chance sollte ihnen gegeben werden.

Während sich für Hochleistungspferde im Bereich kurzer Spitzenbelastungen, etwa Galopp- oder Trabrennpferde, bereits geringe Defizite in der Atmungskapazität stark leistungsmindernd auswirken, ist dieser Umstand für Ausdauersportarten wie das Distanz- oder Wanderreiten und für reine Freizeitpferde von untergeordneter Bedeutung. Hier können nach erfolgreicher Umstellung in bessere Haltungsbedingungen auch noch solche Pferde genutzt werden, die vorher lange gehustet haben.

Dieser Umstand darf jedoch nicht dazu führen, die Tiere zunächst im stickigen Reitstall in der Hoffnung durchhusten zu lassen, man werde sie nachher schon noch an einen Freizeitreiter verkaufen können: Der Grat zwischen Gesundheit und Krankheit ist sehr schmal, und gelegentlich werden Pferde bereits nach kurzer Zeit des Hustens so krank, daß ihnen auch mit verbesserter Haltung nicht mehr zu helfen und damit ihr Tod besiegelt ist.

Eine weitere typische Gruppe der erfolgreich umgestellten ehemaligen Hustenpferde sind jene Tiere, die während des Sommers und an frostigen Wintertagen keinerlei Beschwerden haben, in den Übergangsjahreszeiten Frühling und Herbst sowie an feucht-kalten Wintertagen jedoch geringfügig husten, obwohl sie im Offenstall und streng staubarm gehalten werden. Diese Pferde können problemlos weiter gehalten und genutzt werden. Mit der vorübergehenden Gabe von Hustenkräutern und vermehrter Bewegung kann man kritische Phasen überbrücken und so auf eine medikamentöse Therapie in der Regel verzichten.

Wenn die staubarme Haltung nicht den gewünschten Erfolg hat, liegen zumeist Durchführungsfehler vor, deren Folgen dann nicht selten zu Unrecht der Methode selbst angelastet werden.

Im geschlossenen Stall ist die Luft schlecht. Außerdem mangelt es den Pferden an Beschäftigung und Bewegung.

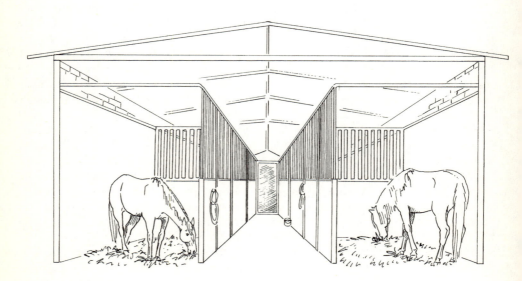

Staubarme Haltung in Großbetrieben

Die Einrichtung einer staubarmen Haltung erfordert individuellen Gestaltungsspielraum. Sie ist daher für Einzelpferdehalter und in kleinen Beständen vergleichsweise leicht zu realisieren. In großen Stallanlagen stellen sich hingegen meist Probleme. Eine Möglichkeit ist die Installierung der bereits erwähnten Heuentstaubungsanlagen, die ihren Teil zur Gesunderhaltung des Bestandes beitragen können, jedoch m. E. nicht ausreichen im Fall bereits allergisierter Pferde. Einige neuangelegte Großställe haben bereits vorsorglich einige getrennte, im Freien errichtete Einzelboxen für Hustenpferde realisiert, die im Bedarfsfall auch als Quarantäneboxen gute Dienste leisten. Es ist jedoch nicht die Regel, daß der Pferdebesitzer im Mietstall auf so großzügige Verhältnisse trifft.

Auch muß die Frage erlaubt sein, warum das Problem des chronischen Hustens in Deutschland und den Nachbarländern überhaupt solch breiten Raum einnimmt. Die Antwort ist einfach: Während der allgemeine Versorgungsstandard des Pferdes erfreulicherweise sehr hoch ist, werden seine speziellen Luft- und Bewegungsbedürfnisse in der Regel vernachlässigt. Die Luft in der Mehrzahl der Großställe ist, vornehmlich im Winter, noch immer schlecht, der Bewegungsmangel der Pferde eklatant. Die Folge ist ein gravierendes Hustenproblem in vielen Ställen.

Pensionspferdehaltung

Pensionsstallbesitzer reagieren oft pikiert, wenn die Eigentümer der dort eingestellten Pferde die schlechten Bedingungen völlig zu Recht monieren. In der Regel haben die Reiter kurzfristig auch keine brauchbare Alternative zur Verfü-

---

Darf ein Stall kalt sein?

Auf dem Nachbarhof stehen die Großpferde in Außenboxen, die nicht frostfrei sind. Welche Folgen hat das für die Gesundheit?

Pferde kommen mit niedrigen Außentemperaturen bei trockener Witterung sehr gut zurecht. Als unangenehm empfinden sie naßkalte Witterung ohne die Möglichkeit, sich trocken unterzustellen. Im Gegenteil: Ein den schwankenden Außentemperaturen folgendes Stallklima trainiert das Immunsystem der Pferde und beugt Infektionserkrankungen vor. Außerdem bieten offene Außenboxen mit direktem Luftzutritt die besten Voraussetzungen, um chronischen Hustenerkrankungen vorzubeugen. Bei niedrigen Außentemperaturen darf das Pferd nach dem Reiten natürlich nicht verschwitzt in eine kühle Außenbox gebracht werden, sondern ist trockenzureiten oder einzudecken. Auch sollte die Umstellung aus einem geschlossenen Warmstall in eine kühle Außenbox nach Möglichkeit nicht während des Winters erfolgen. Zum Weiterlesen: S. 40

gung, und so bleiben sie notgedrungen in ihrem alten Stall und verdrängen weiterhin, daß ihr Pferd allmählich immer schlimmer hustet. Durchschnittlichen Pferdehaltern mit Vollversorgungsmentalität macht der Gedanke überdies Angst, die Haltung ihrer Tiere selbst in die Hand zu nehmen. Räumlichkeiten müssen gefunden werden, Umbaumaßnahmen sind oft erforderlich, und zur Verringerung der zeitlichen Abhängigkeit vom Versorgungsrhythmus der Pferde ist es sehr ratsam, mit Gleichgesinnten in unmittelbarer Nähe eine Haltergemeinschaft zu gründen. Wenn die reine Unterbringung des Pferdes dann organisiert ist, steht noch längst keine Reithalle zur Verfügung. Schließlich ist auch ein soziales Problem zu berücksichtigen: Man verläßt trotz allem ungern die alte Stall- und Reitgemeinschaft, in der man unter Umständen vielfältige Kontakte geknüpft hat.

Warum reagieren Pensionsstallbesitzer auf das allfällige Hustenproblem nicht, indem sie die Haltung grundsätzlich verbessern? Auch diese Antwort liegt auf der Hand: Die Pensionspreise für das Unterstellen eines Pferdes sind in den letzten Jahren, zumal im ländlichen Raum, kaum angehoben worden und haben mit der allgemeinen Teuerungsrate nicht Schritt gehalten. So ist oftmals schlicht kein Geld für die erforderlichen Umbauten vorhanden. Parallel dazu verschieben sich die Investitionen nicht nur bei Stallneubauten mehr und mehr auf repräsentative Materialien, großzügige Außenplätze und Annehmlichkeiten für den Reiter. Bei der Unterbringung des Pferdes wird dann eben gespart. Eine artgerechte, gesunde Pferdehaltung, die auch das Hustenproblem lösen könnte, ist sicher nicht zum Nulltarif zu haben. Andererseits ist sie auch nicht unerschwinglich, und oft können findige Ideen einiges Geld ersetzen. Im angloamerikanischen Raum werden vielfach für weniger Geld bessere, pferdegerechte Ställe gebaut.

Letztlich sollte jedem Reiter aber auch klar sein, daß er sich mit dem Reiten und vor allem der Anschaffung eines Pferdes einem Hobby zugewandt hat, welches nun einmal nicht so preiswert ist wie Jogging. Dann ausgerechnet am Wohlbefinden des Pferdes zu sparen, ist der Kreatur gegenüber unfair. Außerdem zahlt es sich nicht aus: Von den erhöhten Behandlungskosten abgesehen, sind die geringfügig höheren Investitionen für pferdegerechte Ställe in Relation zu den Gesamtkosten, die für das Reithobby pro Jahr anfallen, nur minimal.

Wie läßt sich eine gesunde und dem chronischen Husten vorbeugende Haltung aber auch in Großbetrieben realisieren?

Das in Deutschland vielerorts übliche Aufstallungssystem von zwei Boxenreihen mit mittigem Stallgang in einem geschlossenen Gebäude (Abb. S. 88) gibt eine mögliche Lösung bereits vor. Wären beim Bau die beiden Boxenreihen sowie davor jeweils ein noch etwa zwei Meter breiter Versorgungspfad getrennt überdacht worden, wäre kein Quadratmeter Platz mehr verbraucht worden. Die Luftverhältnisse in diesem offenen System (Abb. S. 91) sind ganz erheblich besser als in dem geschlossenen Großgebäude, wobei natürlich nun im Versorgebereich nahezu Außentemperaturen herrschen. Das ist ungemütlich für den Menschen, für das Pferd aber vorteilhaft.

Das Mikroklima in der einzelnen Box läßt sich nun sogar besser regulieren als in

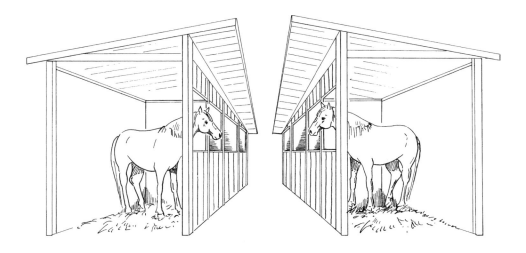

Offene Reihenboxen benötigen nicht mehr Raum als ein geschlossener Stall, verbessern die Atemluft des Pferdes aber beträchtlich und beugen Hustenerkrankungen vor.

dem Großstall. Da die Tiere über die Halbtüren der Boxenvorderseite nicht nur viel Frischluft bekommen, sondern auch Kontakt zur Umwelt haben und ihre Artgenossen sehen, können die restlichen drei Boxenwände bis zur Decke mit Holz verkleidet werden. Vom sozialen Gesichtspunkt ist das zwar nicht ideal, denn Pferde kommunizieren auch durch Gitterstäbe hindurch mit dem Stallnachbarn, aber so kann kein Durchzug entstehen, die Luft ist dennoch gut, und eine technische Belüftungsanlage wird eingespart. Das ist gerade nach dem Reiten für verschwitzte Pferde sehr vorteilhaft.

Die obere Hälfte der Halbtüren sollte grundsätzlich offen sein, bei strenger Kälte deckt man die Pferde ein. Jetzt ist es auch ganz leicht, einzelne Pferde mit Erfolg auf Hobelspäne und Naßheu zu stellen, denn der Luftaustausch besteht nur zur sauberen Außenluft, nicht aber zu den Nachbarboxen.

Mit dieser anscheinend geringen Änderung der Haltung hat man für Gesundheit und psychisches Wohlbefinden der Pferde einen enormen Schritt nach vorne getan.

Eine im Einzelfall unter Praxis- und Finanzaspekten abzuwägende weitere Verbesserung bietet jedem Pferd, bei gleichem Grundaufbau der Anlage, an der dem Versorgungsgang abgewandten Seite einen kleinen Paddock (Abb. S. 92), der die Breite der Box hat und eine beliebige Länge, mindestens vier Meter bei Großpferden. Dieser Paddock wird stabil eingezäunt, das Pferd wählt seinen Aufenthaltsort bei offener Boxentür selbst. Nach dem Reiten kann ein verschwitztes Pferd aber auch wahlweise bis zum nächsten Morgen in der Box eingesperrt werden. Ein leichter Durchzug kann im Sommer sehr vorteilhaft sein, läßt sich

Offenbox mit Paddock: Jedes Pferd wählt seinen Aufenthaltsort selbst, kann aber bei Schwitzen nach dem Reiten auch zeitweise eingesperrt werden.

aber im Winter durch Schließen der Halbtür zum Versorgungsgang leicht beheben.

Im übrigen ist nicht jeder frische Wind mit Durchzug zu verwechseln. Durchzug bedeutet eine gerichtete Luftströmung, die das Tier nur an einer kleinen Region des Körpers trifft und der es nicht ausweichen kann. Diese Regionen kühlen mit allen gesundheitlichen Folgen aus, weil der restliche Tierkörper bei normaler Temperatur bleibt und die Thermoregulation daher mangels entsprechender Reize versagt.

Wenn man Pferden einen frei zu betretenden Paddock anbietet, stehen sie in der Regel sehr viel draußen und suchen die Box nur zum Fressen und Ruhen auf.

So atmen sie über viele Stunden Außenluft. Die psychische Wirkung durch das vergrößerte Aktionsfeld, den Kontakt zum Pferd im Nachbarpaddock und die wechselnden Sinneseindrücke sind auch bei kleinsten Außenflächen bereits beeindruckend. Die Tiere sind beim Reiten erheblich gelassener, entspannter und gelöster.

Die noch eine Stufe bessere Gruppenhaltung in größeren Ausläufen (Abb. S. 93) und auf der Weide bedarf zwar des festen Willens zu größerem Organisationsaufwand und etwas mehr Platz, wird aber in einigen Reitbetrieben bereits mit gutem Erfolg realisiert.

Möchte man kurzfristig und mit nur wenigen baulichen Änderungen preiswert eine Lösung schaffen, kann man Fensteröffnungen in die hintere Boxenwand einziehen, durch die die Pferde ganzjährig ihre Nase direkt in die frische Luft halten können. Aus Neugier werden

Offenstallhaltung in Gruppen ist nicht nur für Hustenpferde ideal, sondern die artgerechte Haltungsform überhaupt.

sie diese Möglichkeit viele Stunden täglich wahrnehmen. Die Stallinnentemperatur fällt dann deutlich ab, was den Pferden gut tut, von den versorgenden Menschen hingegen als unbehaglich empfunden wird.

Es empfiehlt sich allerdings, die seitlichen Trennwände der Boxen mit Holz deckenhoch zu verkleiden, um Durchzug zu verhindern. Dieser ist insbesondere für Pferde gefährlich, die nach dem Reiten verschwitzt sind. Die Gefahr von Durchzug ist bei den nur nach vorne offenen Einzelboxen natürlich geringer.

Sport- und Leistungspferde

Je höher die sportlichen Anforderungen an ein Pferd sind, um so wichtiger sind gesunde und kräftige Atmungsorgane für Leistungsfähigkeit, Erfolg und Wohlbefinden des Tieres. Zur Vermeidung von Hustenerkrankungen jeder Art sind die prophylaktischen Maßnahmen daher besonders wichtig. Impfungen haben gerade bei zahlreichen Veranstaltungen, häufigen Transporten und Pferdewechseln im Stallbereich große Bedeutung. Damit aber eine akute virusbedingte Hustenerkrankung nicht zum chronischen Husten wird, sollte der Haltung und insbesondere der Lufthygiene größte Aufmerksamkeit gewidmet werden.

Gerade in dem Bestreben, Hustenerkrankungen der wertvollen Tiere durch vermeintlich schädigende kühle und luftige Haltung abzuwenden, wird das genaue Gegenteil bewirkt.

In der Regel steigen Stallraumangebot

> **Erkälten sich geschorene Pferde leichter?**
>
> *Manche der Sportpferde und jetzt auch Isländer in unserem Pensionsstall sind geschoren. Sind solche Pferde durch Erkältungskrankheiten nicht viel gefährdeter als andere?*
>
> Grundsätzlich muß das fehlende Fell durch Eindecken ersetzt werden, so daß der Kälteeinwirkung vorgebeugt wird.
> Diese Lösung wirkt aber nicht so zielgenau wie die natürliche körpereigene Wärmeregulation des Pferdes, zu der auch das natürliche Fell gehört. Das Risiko für Verkühlungen ist daher größer. Werden langhaarige Pferde hingegen im Winter täglich intensiv und schweißtreibend gearbeitet, so ist die Erkältungsgefahr durch ein langsam trocknendes Winterfell größer. Dann kann eine Schur oder Teilschur das Risiko verringern.

und Versorgungsqualität parallel zum Wert der Pferde. Im Bereich des Spitzensports werden daher grobe Unterbringungsmängel, etwa zu kleine Boxen, schlechte Lüftung, minderwertige Futtermittel oder ungenügende medizinische Versorgung selten angetroffen. Zugleich ist man aber auch bemüht, alle leistungsmindernden und vermeintlich schädigenden Faktoren von den Tieren fernzuhalten. Nicht selten steht man einer luftigen Haltung in Außenboxen oder Offenställen aus diesem Grunde skeptisch gegenüber, obwohl gerade diese das Auftreten von Infektionskrankheiten und deren Folgen nachgewiesenermaßen reduziert. So erklären sich auch die positiven Erfahrungen in England, den USA und einigen wenigen Ställen in unseren Breiten mit einer kühleren und freieren Haltung.

Selbstverständlich sind den Haltungsänderungen im Leistungssport deutlich engere Grenzen gesetzt als im Freizeitbereich. Ganztägige Weidehaltung und Hochkonditionierung schließen sich weitgehend aus, aber dennoch sind zahlreiche Kompromisse möglich, die das Leistungsniveau nicht senken, sondern vielmehr verbessern.

Offene Stallanlagen haben nicht nur sehr viel bessere Luft als geschlossene Ställe, sondern auch ein deutlich kühleres Gesamtklima. Dieses wirkt sich auf die Pferde zwar sehr positiv aus, da das Immunsystem trainiert wird; als nachteilig wird von den Reitern dagegen die Entwicklung eines längeren Winterfelles empfunden, das bei intensivem Training das Schwitzen verstärkt. Die gesundheitlichen Vorteile der Haltung bei kühler und sauberer Luft überwiegen diesen Nachteil aber so beträchtlich, daß er mit Solariumtrocknung und Eindecken nach der Arbeit oder einer Teil- oder Strichschur und ganztägigem Eindecken aufgefangen werden sollte.

Nur mit gesunden Atmungsorganen kann ein Pferd sportliche Leistungen bringen. In Anlehnung an »no hoof – no horse« kann man sagen: »**no lung – no horse.**«

Zur Reitbarkeit von Hustenpferden

Die Frage nach der Reitbarkeit von Hustenpferden muß sehr differenziert betrachtet werden.

Bei allen akuten Infektionserkrankungen, nicht nur der Atemwege, ist sie selbstverständlich mit einem klaren »Nein« zu beantworten. Auch nach dem Ende der Fieberphase ist den Patienten genügend Zeit zur Erholung zu gewähren, deren Länge vom Tierarzt empfohlen wird.

Die grundsätzliche Reitbarkeit chronischer Huster ist nur nach intensiver tierärztlicher Untersuchung zu beurteilen. Die Tagesform seines Pferdes muß der Reiter selbst sorgfältig beobachten. Ist der Patient schweratmig, mit geblähten Nüstern oder bereits in Ruhe erhöhter Atemfrequenz, darf er keinesfalls gearbeitet werden. Diese Tiere befinden sich meist bereits im Stadium des Bronchospasmus. Die forcierte Atmung würde das Problem dann durch den Ventileffekt (s. S. 66 f.) verschlimmern und zu einer

---

Kann unsere dämpfige Stute ein Fohlen bekommen?

Unsere Stute hustet seit Jahren und wird nur noch schonend geritten. Können wir mit ihr denn wenigstens noch züchten?

Entgegen anders lautender Ansichten wie etwa, daß eine Trächtigkeit das Befinden des chronisch kranken Pferdes bessern könnte, sollten Stuten im dämpfigen Zustand natürlich keine Fohlen bekommen. Ein solches Pferd ist in seiner Atmung so sehr gestört, daß die zusätzliche Einengung des Bauch- und Brustraumes durch den tragenden Uterus sowie die weiteren Belastungen der Trächtigkeit die Atemnot erheblich verstärken würden. Es ist ein Gebot des Tierschutzes und die Pflicht jedes verantwortungsvollen Pferdehalters, die Ursache der vermeintlichen Dämpfigkeit zu ermitteln. Liegt diese, wie in den meisten Fällen, in einem chronisch-allergischen Husten begründet, wird die Umstellung der Stute in eine staubarme und luftige Haltung meist eine durchgreifende Besserung bringen, nach der eine Trächtigkeit vermutlich zumutbar ist. Trotzdem sollte man unbedingt bedenken, daß zwar nicht die Dämpfigkeit, wohl aber eine vermehrte Anfälligkeit für Hustenerkrankungen vererbbar ist.

Durch Bewegung löst sich der zähe Hustenschleim in den Lungenspitzen. Aber Vorsicht: Der Tierarzt muß das Pferd zuerst auf die Belastbarkeit untersuchen!

Lungenblähung oder gar einer Emphysembildung führen. Hier muß zunächst durch massive Therapie eine Lösung des Bronchialkrampfes erfolgen, eine Überdehnung der Lunge, so sie noch reversibel ist, muß sich zurückbilden. Zur Erreichung dieses Therapiezieles ist neben einer der Entzündung entgegenwirkenden und abschwellenden Behandlung auch eine Isolierung des Pferdes von allen schädigenden Luftinhaltsstoffen sehr wichtig.

Ist der Husten durch eine trockene Reizung der Atemwege bedingt, verstärkt er sich in der Bewegung meist deutlich oder entwickelt sich zu Hustenanfällen. Auch dann ist die Bewegung natürlich zu beenden. Beim Vorhandensein großer und womöglich festsitzender Schleimmengen hingegen ist Bewegung ein Bestandteil der Therapie, um die zähen Sekrete, unter Umständen in Kombination mit einem schleimlösenden Medikament oder einer Kräutermischung, aus der Lunge zu befördern. Für solche Pferde ist die tägliche Bewegung in allen Gangarten von großer Bedeutung. Diesen Patienten geht es oft sogar schlechter, wenn sie einige Tage nicht geritten werden.

Wie bereits erwähnt: Die Entscheidung über die Vorgehensweise kann nur nach gründlicher tierärztlicher Untersuchung erfolgen. In der Anwendungspraxis ist dann vor allem bedeutsam, wie das Pferd auf die Belastung anspricht. In der Übergangsphase zur Gesundung ist besondere Vorsicht und viel Fingerspitzengefühl erforderlich: Wird die Atmung pumpend, der Husten anfallsartig und die Erholung schlecht, war die Belastung zu hoch und sollte sofort abgebrochen werden. Hustet das Pferd zu Beginn einige wenige Male, schnaubt dann ab, geht freudig und kraftvoll und erholt sich in der Atemfrequenz schnell, so wurde das rechte Maß getroffen. Bei diesen Pferden lösen sich während des Reitens oft erhebliche Schleimmengen, bedingt durch die Beatmung der Lunge bis in die Spitzen und die hormonelle und nervale Umstellung während der körperlichen Anforderung. Abgerundet wird das positive Bild durch eine tägliche Verringerung der Hustenstöße bei steigender Kondition.

Wichtig ist die richtige Dosierung der Bewegung: Hustenpferde sollten möglichst lange in mittlerem Tempo bewegt werden, zu Beginn ausschließlich im Schritt. Dann können lange Passagen in forciertem Schritt und mittlerem Trabtempo (abhängig von der Grundkondition) folgen, zu Beginn immer am langen Zügel, um keinen Husten durch Druck auf den Kehlkopf zu provozieren. Später kann auch eine kurze Strecke in langsamem Galopp geritten werden. Gefährlich und unsinnig sind alle Spitzenbelastungen, etwa schnelle Galoppaden oder forcierter Trab bergauf.

Kein Behandlungserfolg ohne Haltungsverbesserung!

Eine Wundertherapie des chronisch-allergischen Hustens gibt es nicht, weder in der Tiermedizin noch bei den alternativen Heilweisen. Die gelegentlich überlieferten naturheilkundlichen Blitzerfolge, oft deklariert als »Entgiftung«, »ganzheitliche Immuntherapie« oder ähnlich unklare Begriffe, kann man getrost in das Fabelreich verweisen. Sie können nur auf einer falschen vorherigen Diagnose beruhen oder weitere Begleitmaßnahmen unterschlagen haben, zeigen in jedem Fall aber eine weitgehende Unkenntnis der medizinischen Zusammenhänge. Dieser Umstand wäre nicht erwähnenswert, trüge er nicht gelegentlich zu einer weiteren Verschleppung der Krankheit und damit einer tatsächlichen Gefährdung von Leben und Gesundheit des Pferdes bei.

Ein voll ausgeprägter chronisch-allergischer Husten ist eine schwere Erkrankung. Sie muß intensiv und schnell therapiert werden und kann nur durch eine Haltungsumstellung ausheilen.

Dieses Wissen können Pferdehalter in Deutschland nur bei wenigen Reitstallbesitzern voraussetzen. Leider auch nicht bei allen Tierärzten. Wer die Haltung seines Hustenpferdes also radikal ändern möchte, sollte sich darauf gefaßt machen, belächelt oder heftig kritisiert zu werden.

Das Ziel der staubarmen Haltung ist die dauerhafte Gesundung chronisch-allergischer Hustenpferde durch Beseitigung der krankmachenden Ursachen und ohne das Erfordernis kontinuierlicher medikamentöser Hustentherapie. Das Ziel ist aber nicht, daß der Pferdehalter in eigener Regie ohne fachlichen Rat mit seinem kranken Pferd experimentiert. Für einen Teil der Patienten kann eine kurzzeitige Begleittherapie in der Umstellungsphase sinnvoll und wichtig sein

---

Die Haltung ist das A und O

Falsch ist die von Pferdehaltern vertretene Ansicht, eine staubarme Haltung diene dem Zweck, die medikamentöse Behandlung eines chronischen Husters zu unterstützen. In der Tat ist es genau umgekehrt: Die Medikamente sind die Unterstützung, die Haltungsänderung dagegen die Hauptmaßnahme. Einem chronischen Huster ist in der Regel mit Medikamenten alleine auf Dauer nicht zu helfen.

(s. S. 50 ff.). Die Entscheidung darüber sollten Tierarzt und Pferdehalter gemeinsam treffen.

Mißverständlich ist gelegentlich auch die weitere Entwicklung des Pferdes: Waren die Tiere vorher hochgradig erkrankt, so kann sich der Husten anfänglich bei ungünstigen Wetterlagen verschlimmern. Auch dann ist eine erneute tierärztliche Kontrolle erforderlich.

Und selbstverständlich kann sich auch und gerade ein chronischer Huster zuzüglich eine akute Infektionskrankheit der Atemwege zuziehen. Dann besteht die Gefahr, daß diese Symptome nicht als gesondertes Problem erkannt werden. Dem aufmerksamen Pferdehalter werden aber plötzliches Fieber, verstärktes Husten, Nasenausfluß und Abgeschlagenheit nicht entgehen, und er wird den Tierarzt unverzüglich benachrichtigen.

Impfungen gegen Pferdeinfluenza und Equine Herpesviren sind für chronische Huster besonders wichtig, da jede neue Infektionserkrankung der Atemwege auch das Dauerhustenproblem verstärken kann. Die Impflinge müssen aber vorher besonders sorgfältig begutachtet und auf Impffähigkeit untersucht werden (s. S. 60 f.).

Der Weg zurück

Wenn ein Pferd erfolgreich auf die staubarme Haltung umgestellt wurde, der Husten ausgeheilt ist und das Tier dank dieser Haltungsänderung auch wieder geritten wird, dann ist eine große Gefahr gebannt. Jetzt ist es wichtig, sich an die Prinzipien einer Allergie zu erinnern: Allergien sind erworbene Überreaktionen, die einem Lebewesen prinzipiell immer erhalten bleiben. Kehrt man also zu der alten Haltung zurück, wird sich auch der Husten wieder einstellen. Der Besitzer des Pferdes hat daher auch eine große Verantwortung bei einem eventuellen Verkauf. Stellt es der neue Eigentümer in einen konventionellen Reitstall, besteht erneut höchste Gefahr für das Tier. Neben diesen moralischen Gründen ist auch die juristische Lage zu beachten: Chronischer Husten ist im Gegensatz zur tatsächlich ausgeprägten Dämpfigkeit zwar kein Hauptmangel. Sichert man dem Käufer jedoch das Freisein von gesundheitlichen Mängeln zu oder benutzt ähnliche Formulierungen, dann darf man das Hustenproblem nicht verschweigen.

Nun bedeutet staubarme Haltung aber immer einen gewissen zeitlichen Mehraufwand und meist auch höhere Kosten. Und entgegen den grundsätzlichen Prinzipien einer Allergie gibt es trotzdem einige Pferde, bei denen sich die Sensibilität gegen die Allergene im Laufe der Zeit wandelt. Dabei ist einerseits eine Verstärkung der Allergisierung möglich, andererseits wird gelegentlich auch das Gegenteil beobachtet. Die Begründung liegt darin, daß sich die über lange Zeit überreizten Schleimhäute der Atemwege durch staubarme Haltung erholen und dann weniger heftig reagieren. Bei einigen Pferden kann man daher nach ausreichend langer Zeit, meist nach mehreren Monaten oder Jahren, einige wenige Haltungsfaktoren vorsichtig ändern.

Dabei muß man aber grundsätzlich überlegt und planvoll vorgehen und darf keinesfalls konzeptionslos herumprobieren, sonst verliert man leicht die Übersicht und gefährdet die Gesundheit des Tieres. Grundsätzlich hält man die Logik »vom Maximum zum Minimum« ein:

Zunächst kann man versuchsweise wieder wenig Stroh im trockenen Zustand füttern. Reagiert das Pferd auch nach einer Woche nicht mit Husten, dann wird Stroh als Einstreu eingesetzt. Und bei Reihenboxen kann man ausprobieren, ob der Patient es wieder toleriert, daß die Nachbarpferde konventionell gehalten werden.

Ändern sollte man aber immer nur einen Faktor auf einmal. Dann wird die möglicherweise nachteilige Wirkung längere Zeit abgewartet. Hustet das Pferd erneut, geht man sofort wieder auf die komplett staubarme Haltung über und ändert diesen Faktor fortan nicht mehr. Hustet das Tier aber nicht oder hat sich das Husten nach einer falschen Änderung wieder verloren, nimmt man sich die nächste Fragestellung vor und so fort, bis man genau weiß, wie viele Sicherheitsreserven für das entsprechende Pferd erforderlich sind, um es gesund zu erhalten und doch möglichst unkompliziert zu versorgen.

Die Verfütterung von Naßheu oder einem Alternativprodukt wird man allerdings in praktisch allen Fällen beibehalten müssen, denn die Sporenbelastung aus Heustaub ist so hoch, daß darauf fast alle Allergiker ihr Leben lang mit Husten reagieren.

Ähnliches gilt auch für die Unterbringung: Nicht unbedingt Weide und Offenstall, wohl aber eine nach vorne offene Einzelbox wird immer erforderlich bleiben. Kehrt das Pferd in die Luft einer geschlossenen Großstallanlage zurück, wird es unweigerlich erneut zu husten beginnen.

Zusammenfassung

- Akute Hustenerkrankungen haben bei Pferden eine geringere langfristige Schadwirkung als chronische.
- Chronischer Husten ist durch gezielte Vorbeuge und eine korrekte Haltung weitgehend vermeidbar.
- Chronische Huster sind fast immer Allergiker. Sie überleben auf Dauer nur durch die Vermeidung des allergisierenden Staubes, vornehmlich aus Heu und Stroh, in der Atmungsluft und brauchen daher eine konsequent staubarme Haltung.
- Medikamente sind nur eine Zwischenlösung.
- Erfolgreich umgestellte Hustenpferde erholen sich in der Regel vollständig und sind reiterlich voll nutzbar, wenn sie weiterhin staubarm gehalten werden.

Die in diesem Buch empfohlenen Maßnahmen zur Staubvermeidung sind praxisfähig, erfordern aber in einigen Bereichen ein Umdenken und die Lösung von eingefahrenen Vorstellungen. Zu diesem Weg wird es jedoch langfristig keine Alternativen geben, will man nicht vor dem Hustenproblem endgültig kapitulieren, und dies sowohl beim einzelnen chronisch hustenden Pferd als auch mit Blick auf den Gesamtpferdebestand in Deutschland und den Nachbarländern: Noch immer wird die Mehrzahl der Pferde wenig artgerecht gehalten, so daß dem chronischen Husten allerorten Vorschub geleistet wird.

Die optimale, gesunde Unterbringung für Hustenpferde in offenen Haltungssystemen deckt sich weitgehend mit einer für Pferde allgemein artgerechten Haltung und bedeutet daher eine wesentliche Verbesserung ihrer Lebensverhältnisse.

Die steigende Kritik der nichtreitenden Bevölkerung an der Nutzung von Pferden wird nicht nur durch tierschutzwidrige Auswüchse im Sportbereich provoziert. Bislang wird noch allzu häufig die Bequemlichkeit von Halter und Nutzer in den Vordergrund gestellt, können althergebrachte Vorstellungen von Pferdehaltung nicht von neueren Erkenntnissen ausgeräumt werden, schaden Pferdebesitzer ihren Tieren durch Unwissenheit. **Völlig zu Recht kann man jedoch von der Pferdehaltung, die als Luxustierhaltung von wirtschaftlichen Zwängen nicht betroffen ist, die Schaffung artgerechter und gesunder Lebensbedingungen für die Tiere erwarten!**

Register

abhorchen 22
akute Hustenerkrankung 25
Alfalfapellets 80
Allergene 55
Allergietest 55
Alveolarwand 11
Alveolitis 27
Ammoniak 46
Ansteckung vermeiden 43
anstoßen 14
Antibiotika 33, 50
Antikörper 55
artgerechte Haltung 44
Asthma 52, 66
asthmatische Atmung 52
Atemfrequenz ermitteln 20
Atemfrequenz, normale 19
Atemnot 52
Atmung 10
Atmungsorgane 10
Auffrischungsimpfungen 41
auskultieren 22
Ausläufe 92

Bakterien als Hustenerreger 29
Bakterienübertragung 29
Begleittherapie 98
beklopfen 22
Bewegungsmangel 49, 89
Blutfleckenkrankheit 30
Bronchialkrampf 66
Bronchialschleim 27
Bronchiolitis 27
Bronchitis 27
Bronchospasmolytika 50
Bronchospasmus 20, 34

chronische Hustenerkrankung 44

Dampfbefeuchtung 80
Dämpfigkeit 44, 58, 65, 66, 87
Dampfrinne 68
Desensibilisierung 55
Druse 30
Durchzug 92

Einstreu, alternative 83
Einstreu, strohlose 83
Emphysem 66
Entwurmungen 42
Equine Herpesviren 27
Expektorantien 34, 51

Faktorenkrankheit 62
Flimmerepithel 27
Frost 77
Futterstroh 74 f.

Gießkanne 75
Gnadenbrotpferd 67
Graspellets 80
Grassilage 81
Großbetriebe mit staubarmer Haltung 89
Großgebäude 90
Grundimmunisierung 41
Gruppenhaltung 92

Halbtüren 85
Haltergemeinschaft 73, 90
Haltungsfaktoren 62
Haltungsfehler 48
Haltungsverbesserung 43
Hanf 84
Hauptbronchen 11
Heilungsaussichten 86
Herzfrequenz ermitteln 20
Herzschwäche 13
Heu, Alternativen 80

Heuentstaubungsanlagen 89
Heuqualität 74
Heustaub 70
Heutauchen 60
Heutauchhilfen 78
Hobelspäne 83
Hoppegartener Husten 27
Husten 14
Husten, Vermeidung 87
Hustenerkrankung, chronische 44
Hustenerkrankung, akute 25
Hustenkräutermischungen 34
Hustenreflex 15
Hyperinfusionstherapie 52

Immunstimulation 37
Immunsystem 43
Impffähigkeit bei chronischem Husten 60
Impfungen 40
Infektionen 26
Influenzaviren 27
Inhalieren 37

juristische Lage 99

Kapillaren 11
Kehlkopfreizungen 13
Keimverschleppung 43
Kochsalz 76
kompostieren 84 f.
Konditionsverlust 68
Konsequenz 86
Kontaktsperren 43
Körperinnentemperatur 16
Kortikoide 37, 51
Kortison 67
Kotuntersuchung 42
Kraftfutter 80

REGISTER | 103

Laryngitis 27
Luftaustausch 61, 91
Luftfeuchte, relative 47
Lufthygiene 93
Luftkeime 48
Luftsäcke 31
Luftstäube, anorganische 46
Lungenspülung 52
Lungenüberdehnung 66
Lungenwurm 32
Luzernegrünmehlpellets 80
Lymphknoten 21
Lympfknotenabszesse 30

Magendasseln 42
Matratzeneinstreu 42
Maulatmung 11
Medikamente, krampflösend 34
Medikamente, schleimlösend 34
Menschen mit Husten 65
Mikroklima 90
Milchsäuregärung 82
Mukoziliäres System 12
Mykotoxine 63

Nasenausfluß 15, 30
Naßfütterung 76 f.
Naßheu 76
Naßstroh 76
Naturheilverfahren 38, 56
Normalwerte 21

Obstessig 77
Öle, ätherische 37

Paddock 92
Papierschnitzel 84
Parasiten 32
Pensionspferdehaltung 89
Pensionspreise 90
perkutieren 22
Pferdegrippe 27
Pferdespulwurm 32
Phonendoskop 22
Pilze 31
Pollenallergien 49
Prognose, chronischer Husten 65

Quarantäneboxen 89

Reifungsphase 75
Reitbarkeit 95
Resistenzen 42
Rhinitis 27
Rhino- und Reoviren 27
Robusthaltung 73

Salzbeigabe 77
Sand 85
Sauerstoffdefizit 68
Schadgase 46
scheren 94
Schimmelpilzsporen 26, 46
Schlundverstopfung 81
Schutzhütte 86
Sinusitis 27
Sozialkontakte 74
Sport- und Leistungspferde 93

Stallklima für Hustenpferde 40
Staub 45
Staub aus der Nachbarbox 85
Staub, organischer 46
Staubbelastung im Pferdestroh 69
Staubreduktion 76
Staubvermeidung 59, 70
Stroh 74, 86

Tauchwasser 76
technische Hilfen 78
Tierquälerei 68
Torf 85
Tracheitis 27
Trockengrasprodukte 80

Unterbringung, pferdegerechte 70

Ventileffekt 66
Verstopfungskoliken 83, 85
Viehsalze 77
Viren 27
Virushusten, Symptome 28
Virushusten, Vorbeuge 28

Weide 86
Weidegras 83
Weidepause 83
Weideversuch 58

Zwergfadenwurm 32

Erlebnis Pferde

Eine Kräuterweide anlegen und pflegen, Heilkräuter selbst gewinnen und eigene Mischungen zusammenstellen. Der Ratgeber für Pferdehalter, die einem ganzheitlichen Ansatz und sanften Heilmethoden den Vorzug geben.

111 Seiten, 81 Abbildungen
ISBN 3-440-07107-3

Der praxisnahe Ratgeber über Formen und Ursachen von Lahmheiten bei Pferden. Tierarzt Dr. Bartz gibt Tips zu Erster Hilfe und erklärt, wie man die Behandlung des Tierarztes unterstützt, was die Diagnose bedeutet. Mit wertvollen Hinweisen zur Vorbeugung.

ca. 120 Seiten, ca. 60 Abbildungen
ISBN 3-440-07463-3

Die häufigsten Krankheiten, woran sie rechtzeitig zu erkennen sind und was man dagegen tun kann. Ein Terminkalender mit den wichtigsten Impfungen hilft, den Überblick zu behalten und das Pferd optimal zu betreuen und zu schützen.

104 Seiten, 55 Abbildungen
ISBN 3-440-06669-X

kosmos

Bücher • Videos • CDs • Kalender

zu den Themen: Natur, Garten- und Zimmerpflanzen, Astronomie, Heimtiere, Pferde, Kinder- und Jugendbücher, Eisenbahn/Nutzfahrzeuge